I	贝克德意志史
	皇帝、改革者与政治家

Friedrich der Grosse

Johannes Kunisch

腓特烈大王

(德)约翰内斯·库尼施 著　　刘洋 译

广西师范大学出版社
·桂林·

Feitelie Dawang

Friedrich der Grosse by Johannes Kunisch
Copyright © Verlag C.H.Beck oHG, München 2012

著作权合同登记号桂图登字：20-2017-208 号

图书在版编目（CIP）数据

贝克德意志史. I：皇帝、改革者与政治家. 腓特烈大王 / （德）约翰内斯·库尼施著；刘洋译. —桂林：广西师范大学出版社，2021.1
 ISBN 978-7-5598-3132-3

Ⅰ. ①贝… Ⅱ. ①约… ②刘… Ⅲ. 德意志帝国—历史②弗里德里希二世(Friedrich Ⅱ 1712-1786)—生平事迹 Ⅳ. ①K516.42②K835.167=41

中国版本图书馆 CIP 数据核字（2020）第 155058 号

出　版：广西师范大学出版社
　　　　广西桂林市五里店路9号　邮政编码：541004
网　址：http://www.bbtpress.com
出版人：黄轩庄
全国新华书店经销
深圳市精彩印联合印务有限公司印刷
（深圳市光明新区白花洞第一工业区精雅科技园　邮政编码：518108）
开本：787 mm × 1 092 mm　1/32
印张：4.875　　字数：63 千字
2021 年 1 月第 1 版　　2021 年 1 月第 1 次印刷
定价：198.00 元（全 7 册）

如发现印装质量问题，影响阅读，请与出版社发行部门联系调换。

目 录

第一章　王朝的建立与勃兰登堡 - 普鲁士
　　　　领土联盟：土地和人民 / 1

第二章　青年时代和王位继承过程 / 21

第三章　占领西里西亚与虚假的和平 / 43

第四章　巩固实力的年代 / 55

第五章　大战时期（1756—1763）/ 71

第六章　战争年代后的重建工作 / 95

第七章　又一次大国政治纷争：
　　　　波兰第一次被瓜分 / 107

第八章　皇帝、帝国和诸侯联盟 / 115

第九章　腓特烈的晚年：
　　　　疾病、死亡与葬礼 / 127

时间表 / 145

第一章

王朝的建立与勃兰登堡 - 普鲁士领土联盟：土地和人民

早期现代，在大部分复合君主政体①中，王朝承担了为国家和社会划界的作用。不管是通过联姻或继承，还是运用武力，一个王朝的形成靠的是几个世纪以来将大量不同的疆域聚拢起来的过程，在18世纪，这些疆域还没有可能形成一个统一体。这种早期现代国家构成的特有形式也是勃兰登堡－普鲁士邦国形成过程的典型形式。直到1701年，分散在整个普鲁士区域内的各单独疆域才随着王位的获得而形成一个国家体，通过王朝及其在欧洲政治舞台上的代表权、组织严密的军队和国外的认知而具有了整体性。

在这一过程中，霍亨索伦家族的选帝侯们凭借其野心和自信，为王朝国家的建立作出了决定性贡献。作为德意志西南部的一个王族以及忠于皇帝的纽伦堡城堡伯爵，霍亨索伦家族在1415年被赋予勃兰登堡边境总督地位，并因此而获得选帝侯的身份。选帝侯在1356年《黄金诏书》

---

① 即一个国家（state）之下，包含许多拥有各自疆域的国家（country），它们共同服从于一个君主。

颁布后，得到了皇帝和帝国的特别保护。霍亨索伦家族成为选帝侯一事，标志着其土地兼并政策的开端。而在继承了位于神圣罗马帝国境外的普鲁士公国后，霍亨索伦家族终于可以合法地提出获得王位的要求。王储腓特烈二世追随霍亨索伦家族几代人愈发坚定的脚步，也踏上了建立"大国"的道路。从他用具有阶级意识的眼光书写的历史中，也可以看出他熟知祖先的大国理想传统和为此而拼搏的意志。

腓特烈二世在1740年登上王位时，继承了拥有约二百二十四万人口的土地，其中包括在17世纪获得的疆域。通过他后来的疆域兼并行动（西里西亚、东弗里斯兰和西普鲁士），人口数量到1784年增加了大概二百万，总人口达到五百五十万。除了西部的下莱茵地区（克莱沃、马克和拉文斯贝格），这些土地都是城市数量极少、人口稀疏的农业土地。由于当时水陆（运河）和陆路的跨境交通线路还很少，这些土地都没有得到太多开发。从经济力量来看，这个疆域联合体当时在整个帝国内还绝不可能取得领先地位。相反，由于领土的四分五裂，只有坚持不渝地将其所有人力和物力资源都利用上，才能让这个联合体在大国行列中不断提高自己的地位，从而以一个国家的身份存在。

腓特烈二世在统治之初所继承的最主要遗产是一个有序且有效运行的管理体系。位于中央机关体系最高处的是腓特烈二世的父亲在1723年亲自下令设立的"总理事务府"。它将两个有着长期竞争关系的管理机构——一个是更加现代的以重商主义为导向的"战区军需总部",另一个是扎根本地,着眼于疆域内事务的领地管理部门——合并为一个单独的、明确划分了各部门管辖权的高级行政主管机关。这样,两种表面看起来相互对立的早期现代的统治实践形式就被融合在一起,成为后来几十年君主统治的范本:统一管理－责权划分的统治模式。总理事务府的各部门办公室设在柏林的城市宫,其职责范围涉及国家内政,包括财政管理在内的所有领域。此外它还负责军事经济和战时给养方面的事务。总理事务府由分设在四个省的行政机关组合而成,其中每一个行政机关同时要负责处理一些国家层面的总体事务。尽管腓特烈·威廉一世的行政改革可以被视为一种全新的、面向未来的改革,但这种改革还是没有脱离18世纪广泛适用的、疆域管理和行政事务混合在一起的责权模式。

腓特烈大王,也就是腓特烈·威廉一世的儿子,基本上未加改动地接手了这个中央统治机构。有所改变的也只是他觉得需要进一步进行责权划分的地方。例如,他在登基之后立即为"商业和制造业方面的事务"设立了第五个管理部门,这个部门只负责整个国家层面的事务。这可能并不是十分独创的想法,但它证明了腓特烈大王对国家经济发展的新趋势——这里指的是重商主义的基本原则——非常熟悉。

这个中央统治机构原本是以一种共治的形式组成的,也就是说,在作决定之前必须先经过全体会议的商讨,国王担任会议的主席。然而，无论是腓特烈·威廉一世还是他的儿子，都从未参加过总理事务府的会议，最后具有决定性的决议都是在内阁，也就是君主自己的办公室中作出的。负责决议执行的是内阁秘书，慢慢地，这些直属官员变成了唯一能够了解整个政府行动方向的人。设在各省的战争及领地官府作为执行机构归属于总理事务府，它们被赋予了相应的管理职能。同时，在乡村地区主政的是县长，这一职位由一个居住在该县的贵族担任，当地的贵族阶层一般会通过某种传统的习惯法提出人选建议，并决定是否批准其上任。县长经常需要在君主领导的上层机构所作的规定和拥有土地的贵族坚持自主权的要求之间，扮演特殊的双面角色，就此而言他们也承担着协调各方的功能。

总理事务府不负责处理对外事务。负责同其他大国以及国外政府委派的代办进行书信往来的其实是所谓的"内阁部"，这个部门在腓特烈·威廉一世统治时期就已建立，并由他自己掌管。1604年建立的秘密委员会，作为设在柏林的第三个行政机关，一直都存在，通常被视为早期现代领土国家的第一个中央管理机构。然而从"大选帝侯"腓特烈·威廉（1620—1688）统治时期开始，该机构的职责范围就被限制在司法和宗教事务以及教育事业上。

这个在18世纪欧洲大陆上势力范围最广的专制政权之一，当时就是用这种行政管理手段实行统治的。根据最新的计算可以推测，在腓特烈大王统治末期，从官府长官到候补官员，共有三百个公职人员在各省的战争及领地官府内工作。如果把税务官和县长也加上，在整个君主国中就形成了一个约由五百人组成的官员群体，他们共同执行国王的意志。这些数字是多是少可能各有所见，但可以肯定的是，借助这样的管理机构，国王的威望在这个实力和疆域都得到显著发展的国家中得到了极大提升。然而这种威望只体现在诸侯官邸和军队等部分范围内。在原始资料中，有各种关于诸侯欲无限行使其君主权力的记载，为了对这种历史现象进行概括，历史学中很早就采用了"专制主义"这一概念，用于描述独裁统治下的整个历史时期。当然，这一概念的缺点在于它只对一段复杂的历史发展过程的最高层面进行定性，然而，它可以将企图实现"专制"的君主政权与受到严格"限制"君主政权——按照现在政治学的命名，这种政权被称为"有限君主政权"或"混合君主政权"——清楚区分开来，就此而言，使用这一概念似乎是合理的。在必须对基本的时代特征作出区分的意义上，使用专制主义这一概念的另一个原因是，只有使用这一概念才能够描述出当时的政权形式是怎样过渡到19世纪的君主立宪制的。

在法国大革命前的旧制度下仍然存在着三个天然的社会等级划分，尽管这种划分在不同的地区之间存在区别，并且在贵族、市民和农民这三个等级之间存在各种形式的流动，但这种等级划分在当时是必不可少的。此外还有构成整个人口大多数的下层农村居民。在拥有土地的贵族阶层和自由的农民阶层之间存在着大量利益的趋同。可是，在中部和东部的疆域上，由于三十年战争带来的变革，领主采邑制度在很大程度上将农民降级为具有人身依附关系的农奴阶级，这样的结果是，贵族的支配力变得无人能及。

然而最重要的是，君主自己拥有大量的地产，他与贵族共同分享农耕土地的使用权。据推测，腓特烈大王登基时，君主拥有约占全国总耕地面积四分之一的土地。当然，在这方面各省之间存在很大区别。在普鲁士公国，王室领地占有量的比重最大，而在选帝侯边区和波美拉尼亚，为了维护贵族领主采邑制度，估计王室与贵族之间土地拥有量的比例为二比一。在腓特烈·威廉一世统治时期，君主就力求尽可能地扩大王室土地的面积，并借此来增强国王相对于各地区权力的独立性。然而在国王与各阶层之间的隐性权力斗争最终以有利于中央权力发展的结果告终，以及王室统治越来越明显地依赖于贵族官员在外交、军事和国家管理的参与之后，君主和拥有土地的贵族之间的关系发生了根本的转变。

统观大局，腓特烈大王曾多次讲到，不仅贵族作为统治集团精英的地位要受到保护，他们的财产状况也要得到改善。因此，他曾试图抵消封地所欠的累累债务。但这是难以实现的，因为国内可支配的封地数量和约两万个有权得到封地的贵族家庭之间存在巨大的差距。并且，除了个别例外，贵族的等级理念使得他们不愿从事市民阶级或商业和手工业的工作，因此当时在普鲁士出现了普遍的贵族穷困化现象。但无论如何，国王还是以上级命令的方式来阻止那些崛起的市民获得负债累累的封地。由此看来，这也促使贵族等级的身份得以长久保持下去。

这种等级区分措施完全沿袭了历史传统，因为除了个别的例外情况，腓特烈大王从未背离过"门当户对"这一自古流传下来的习俗。于是他试图阻止不同等级的人结婚，在军队的军官阶层中这一规定尤其严格，目的是通过这种方式保证贵族身份的高贵。在是否可以给为君主国立功的平民册封贵族头衔的问题上，与维也纳宫廷相反，腓特烈大王的保留态度是显而易见的。就此而言，法国头戴羽饰帽和身穿法袍的贵族，在腓特烈二世时代非常少。令人惊讶的是，除了个别例外的情况，这种区分政策几乎没有导致民众产生反叛和放弃的心态，反而——当然是在无意中——促进了市民阶级意识的形成。这也可以从当时各种协会——如柏林的"星期三学会"①——的成立中体现出来。这使普鲁士有希望在不进行阶级合法性争论的情况下，也能实施某些社会变革。也就是说，普鲁士不需要像当时的法国那样，不得不通过彻底批判君主政体和贵族统治制度的方式进行暴力变革。

独特的是，腓特烈大王一直在不可触动的贵族特权和启蒙主义的认识之间摇摆。按照启蒙主义的思想，在一个国家中如果出身战胜了成就和功绩，那么这个国家中的一切都将遭受危险。像许多其他专制诸侯统治的地区一样，

---

① 全称为"柏林科学研讨自由学会"。

在普鲁士，各种行动动机相互碰撞，而它们在旧制度时期具有结构上的互不相容性，因此它们之间的冲突无法消除。在这种情况下，如果无条件地命令进行社会和人道主义改革，那么就不得不承认国家和经济秩序可能会在执行这些改革原则的过程中崩溃的现实，而在这一过程中起重要作用的是贵族。腓特烈大王在写于1752年的《政治遗嘱》中说道，统治者必须在农民和贵族的利益之间建立某种平衡。但就像历史学家特奥多尔·席德尔曾说的，"这就像求与圆面积相等的正方形"。因此，腓特烈大王所作的改革努力仍然是雄心壮志的上层规划，对现实的社会状况没有根本的影响力。换一个统治者——例如曾决心采取彻底改革的神圣罗马帝国皇帝约瑟夫二世——也会面临这样的两难选择。虽然他们都将权力集于一身，但无论是腓特烈大王还是约瑟夫皇帝都没有找到一条道路，可以让各种相互对立的要求达到平衡。

同样无法准确定义的还有农民的概念。在腓特烈大王时期的普鲁士，自由的（也就是说在财产和人身方面都不受地主约束）农民，只有在偏僻的东普鲁士和立陶宛的一些区域有较大的规模。农民生存方式的基本类型是人身依附和土地依附，也就是说农民依附于领主和王室及其土地。在农村地区，人身依附关系意味着领主可以对佃农实施审判权，并且他们还拥有管制权和圣职设立权。此外，在封建领主土地所有制中，领主还保有结婚许可权，并且有权决定农民是否可以变更劳役内容和地点（也许只有在理论上可行）。属于强制性劳役义务的还有构成整个封建经济体系基础的捐税和徭役、手工和使役牲畜的义务劳动，以及其他会在特定季节每周持续几天的义务。

这种僵化的社会依附制度尤其在易北河以东的领地占据着主导地位，但由于腓特烈大王在其整个统治时期大力实行土地改良和开垦法，这一制度也出现了松动。易北河以东的领地是后来新获得的疆域，那里通常居住着招募而来的国外殖民者。他们只能通过特权和有目的的豁免迁移到那里。这些新定居者的地位相当于拥有长期租用领主土地权利的农民，他们主要定居在阿尔特马克、马格德堡和下西里西亚地区。他们虽然需要对领主尽某些劳役义务，但拥有属于自己的庄园——"这可能是其继承而来的，也可能是自己拥有的财产"。此外，这些新定居者的后代不受普鲁士划区征兵制——一种为招募新兵而设立的机制——的约束，也就是说，他们的后代不用服兵役。如此一来，农民依附制度在这些新居住区以及勃兰登堡核心地带出现了程度有所减弱的模式。

在早期现代封建制度的这两端之间，是一个覆盖面广泛的本地居民群体，按照以出身为标准的社会等级划分，他们既不算贵族也不算农民，而是属于市民等级。这些人包括富有的企业主、商人和银行家，以及官员、神职人员和学者。然而市民等级中的大多数人从事手工业和零售商业，也就是说，他们没有受到大规模的制造企业所推动的社会发展的影响。这些大规模制造企业通常由国家建立，雇用的劳动力的数量增长很快。手工业则相反,其组织形式仍然是行会和同业公会,并且变得越来越固化。

市民主要分散在全国各城市中,虽然因严格受制于政府的税收政策而失去了独立性,但他们仍然在农产品和小手工业商品之间充当着中转站的角色。然而,首都以其职能显著扩充的行政机关,以及在经济活动中明显增长的重要性,构成了市民生活的中心场所。而在军官团中,市民充其量只能在边缘性的技术领域有发展。而且包括审判权在内的国家高层行政权力,也都保留给了贵族。在腓特烈大王任命的二十名内阁大臣中,只有一名拥有市民背景。只有在总理事务府中参事官(Vortragender Rat)这一级别的岗位,或者在各省的行政机关中,也就是在那些特别需要专业能力的领域,市民出身的官员所占的比例才会上升。在腓特烈大王统治时期,市民在这些部门的数量是贵族高级官员的数倍。在法国大革命前的旧制度时代,哪些人可以获得这些处于贵族和市民等级之间的岗位,是由统治当局来决定的。而正如上面所讲到的,在普鲁士,这些决策的实施过程必须极大地有利于贵族。

1685年南特宗教宽容敕令(枫丹白露敕令)被废除后,法国难民涌入普鲁士,这使市民等级在人力和智力资源上有了显著的提升。到1699年为止,约有一万四千名胡格诺教徒找到了通向勃兰登堡-普鲁士的逃亡道路,其中仅是前往柏林的人就有5682名。1724年,法国侨民数量几乎占到柏林总人口的9%。按照相关的诏令,这些因信仰而逃亡的难民和当地居民具有完全平等的地位，并且被给予大量影响深远的特权。他们不仅成为提升国家文化和发展经济的一分子，而且为各等级之间的同质化和整个社会与世界的融合提供了不少动力，其影响速度之快，令人惊讶。

与胡格诺教徒相反，犹太群体在普鲁士也处于社会的边缘。1750年，共有2188名犹太人生活在柏林，相当于柏林总人口的1.93%。统治当局不愿向这个少数群体作任何妥协。相反，他们关心的是怎样维护国家的财政利益，以及怎样对犹太人实施严格的税收制度，让他们承担高额且具有歧视性的多种税收。当地犹太居民的职业活动空间几乎都被限制在货币交易领域，很少存在例外。他们可能是银行主、金融掮客、放债者或当铺老板，其中有些事实上已做到相当规模，因此他们的职业尽管常引起社会不满，却可以给他们带来生活的富裕和名望。毕竟，1749年已有一百一十九名犹太大企业家生活在柏林，此外莱辛还在其戏剧作品《智者纳坦》中以摩西·门德尔松为原型创作了一个具有犹太信仰的人物，一个受启蒙运动和宗教宽容政策激励的人文主义思想的代表。尽管如此，在腓特烈大王统治下的普鲁士，犹太人仍然被置于公共生活的边缘领域，并且遭到根深蒂固的误解，这恰恰促使腓特烈大王不断对犹太人表现出轻蔑的态度。

无疑，教会在18世纪仍然承担着重要的社会融合功能。1540年，在君主正式选择了有利于路德宗发展的宗教政策后，勃兰登堡公国的信仰问题似乎得以确定。然而，1613

年选帝侯约翰·西吉斯蒙德为了获得下莱茵领地而改信了加尔文宗。虽然教会的行政管理权仍然掌握在国家统治者手中，但这一事件还是导致王室及其周围人员与路德宗教会在信仰问题上的分道扬镳。这在三十年战争期间以及战争末尾于奥斯纳布吕克和明斯特展开的和平谈判过程中，引起了巨大愤怒。然而在国家层面，原则上"教随国定"这一准则仍然适用。虽然王室背离了路德宗的信仰，但在路德新教教义中却发展出明显的"对国家的虔敬"，这正符合像腓特烈大王这种对任何形式的正统宗教都持怀疑态度的统治者的利益。

尤其在普鲁士，路德宗通过虔敬主义运动获得了巨大的改革动力。1694年，哈雷大学成立，虔敬主义者在这里找到了精神中心。在神学家菲利普·雅各·施本尔和弗兰克基金会创建者、神学家奥古斯特·赫尔曼·弗兰克的影响下，虔敬主义运动创造出一种宗教制度，提出教徒应该在内心进行自我反省，并将博爱的思想付诸实际行动。这一宗教制度在教育和社会救济的众多领域促成了影响深远的改革，并最终在学校、济贫院和福利机构的全国建设方面起到了领导作用。这些机构力求实现官方针对社会各阶层居民的监督，并且让以社会慈善救济为宗旨的国家目标发挥影响，就这点而言，它们对统治当局是有利的。所有这些通过多样的组织手段、取之不竭的创造才能以及对"士兵国王"腓特烈·威廉一世施加的审慎影响而建立的教育和慈善机构，都分别以其不同的形式实现了以宗教为基础的教育理念，并且赋予公共福利建设以重要意义。由此出现了一批新时代的教士和随军牧师、医生和药剂师，以及官员和军官。他们体现了腓特烈大王统治下代表普鲁士精神的职业理念，其超越专制主义时代产生了深远影响。

随着腓特烈大王赢得西里西亚和西普鲁士的疆域，整个君主国的信仰种类有了显著增加。例如，以反宗教改革为主的西里西亚被兼并后，天主教臣民的数量约占全国人口的五分之一；这个数量在波兰第一次被瓜分，普鲁士获得了与其东部边界相邻的领土后，再一次增加，其中作出主要贡献的是后来变成普鲁士一部分的天主教瓦尔米亚总教区。由此一来，在普鲁士出现了各种信仰共存而教派法典却相差各异的情况。出于对国家运行效率和同质性的考虑，宗教宽容政策已经势在必行。在18世纪，虽然人们对罗马教会的仇恨仍然存在，但宗教宽容已经被提升到治国原则的高度，并成为普鲁士在启蒙运动时期能够在与法国和奥地利等对手的竞赛中，取得领先地位的重要因素。

由于腓特烈·威廉一世坚定地奉行节约精神，普鲁士的财政在其统治时期得以保持稳定。当时还是王储的腓特烈总是对父亲所达到的这种成就钦佩有加。通过坚持不懈地实施具有旧制度时期特点的积累政策，普鲁士的国家财政收入从1713年的三百四十万塔勒增加到1740年的六百九十万塔勒。这导致的结果是，腓特烈登基时，不但拥有八百七十万塔勒的巨大国家财富，还具备一支精于规划并训练有素的财政管理团队。这给予了他尽可能快地利用有利形势的回旋余地。

有计划地对奥得河与易北河这两条重要生命线之间贯穿全国的河网进行扩建,是勃兰登堡-普鲁士的古老传统。普鲁士借助这种交通要道的开辟计划,实现了大宗商品——如谷物、木材、食盐、蜡和钾碱——在国内以及国家间的贸易,其国库收入也没有因为外来力量的参与而减少。18世纪普鲁士就已经建成了一套为各主要省份所用的国内水路系统。这套水路系统将奥得河与哈弗尔河,继而又与易北河连接起来,从而避免了高昂的关税费用。柏林也因此成为贸易、手工业和工业生产的枢纽,在整个君主国取得领导地位。这样看来,腓特烈大王也搭上了已被证明有效的现代化发展的列车。他在获得西普鲁士后,又以维斯瓦河与奥得河之间的运河通道为中心,进一步扩建了水陆网。

普鲁士在下莱茵地区的疆域早在几个世代前就有了高效的、以出口为导向的、独立的亚麻和丝绸制造业。1740年后,产自西里西亚原本具有竞争力的纺织品彻底地让位给普鲁士的产品。由于腓特烈力求尽可能将全部手工制造业部门,特别是军需产品生产部门迁往普鲁士,以摆脱高昂的进口费用,纺织品制造业被明确摆在优先发展的地位。据一份出自1769年的贸易统计显示,在国内除西里西亚以外的所有地区,有83%的工厂工人在纺织业工作,他们主要集中在针对大众市场的羊毛和亚麻制造业。

此外,腓特烈的另一个重要举动是试图将奢侈品制造业也进行本土化并销往市场。以往在欧洲，人们为那些从中国进口的白色且不透明的贵重餐具而着迷，将之视为高雅的奢侈品。到了17世纪，欧洲各地已开始努力尝试在自己的工厂中生产并销售这些餐具。在这方面，萨克森走在了前面。当时在迈森设有一家由国家资助的陶瓷工场，其产品以精湛的技艺、高雅的品位和精美的花饰，很快占领了欧洲市场。西里西亚战争期间，曾多次在迈森留宿的腓特烈，同样不愿在这个高度成熟的奢侈品工业部门逊色于他的竞争对手。于是，在经过1750年代几次不成功的尝试后，他于1760年委托被认为具有很强能力的宫廷供应商及金融顾问约翰·恩斯特·戈茨科夫斯基在柏林建立一个陶瓷制造工场。1763年这个工场被收归国有管理，并被命名为普鲁士王室瓷器制造厂。

对于普鲁士来说，军需生产对基础设施建设的发展具有决定性意义。这也与统治层的统一规划和监管密切相关，通过销售保障和关税保护的特权，这些企业构成了普鲁士本土企业发展的支柱。鉴于以往普鲁士只能在国外市场以外币的形式购买具有竞争力的武器，普鲁士当局下令也要在自己的军工厂——如施潘道步枪厂——生产军需产品。但火炮、弹药和迫击炮的生产仍然需要和以前一样主要向瑞典和荷兰等国的军队供应商购买。然而引人注目的是，显然出于保密的原因，国家经济的这部分领域在原始资料中未曾被提及。这些王室企业的其中一部分后来转交给了私人工厂主来经营。施普利特格贝尔和道恩算得上是腓特烈统治时期最重要的企业家，在一段时间内他们经营着八家这样的国有企业，同时还在国际货币和商业往来中充当腓特烈的金融掮客。为了能够随时保证军队的供应，普鲁士各省到处设立仓库，其中贮存的除了用于羊毛加工的原料外，主要是粮食。然而这些以国家名义设立的仓库不仅服务于军事目的，经过几年的发展，还被证明是控制国内粮食价格的有效手段。这不仅有利于消费者，也有利于农村的生产者。

军队统治层在普鲁士属于排外的圈子，具有一种独特的贵族等级意识。在整个欧洲都有类似的现象。然而普鲁士的贵族等级在刚开始时对此持拒绝态度。因此可以说，普鲁士军队统治层精英意识的形成是在同贵族等级的对抗中实现的，这种情况在欧洲其他地区是不存在的。这最终导致在腓特烈·威廉一世，尤其是腓特烈大王的统治下，普鲁士出现了军事贵族。他们在为国家和君主国服兵役的过程中，逐渐习惯了看到自己的社会威望不断提高的现实。这种兵役义务对普鲁士的社会历史影响深远，军队服役越来越理所当然地被看作是在履行职责。由此，传统的由贵族组成的社会统一体转化成了军官团，军队统治精英的行为准则变成了上层社会要履行的义务。在腓特烈的众多纲领性讲话中，他将军官的作战技能称为军人的"职业荣誉"，相比于其父亲在军队政策上的温和态度，腓特烈的战争政策大大加快了国家和社会的军事化过程。

现在就作总结显然还为时太早。但毫无疑问的是，在腓特烈于1740年接管统治的这个国家中，隐藏着发展的潜力。而如何利用这样的潜力，对于一个很早就已经觉得自己受到崇高召唤的王子来说，是一个特殊的挑战。腓特烈在最终完整继承这些国家遗产之前，先经历了一个自我塑造的过程，由此形了英雄性格。登基后，他也没有停止继续为确保仍处于危险之中的勃兰登堡王室的长治久安而努力。在他的这些作为中，可以看出一些已经得到他同时代人认可的伟人特质。刚取得统治权时，腓特烈所拥有的是一个没有什么同质性的国家、一套已经有效运行的管理制度以及一支装备精良的军队，这一切影响了他之后的统治过程。腓特烈性格中不断增强的躁动不安和活跃对他的统治生涯产生了颇为持久的影响，此外，他的统治模式还明显带有旧制度时期的普遍特点，并且能够看出受到了社会发展停滞和经济萧条的影响。固然，他在统治中具备出色的应变能力以及非常敏锐的洞察力，然而他同时也是旧世界秩序体系的拥护者。这一秩序体系最迟在1775年北美英属殖民地反叛后开始受到挑战。

第二章

青年时代和王位继承过程

腓特烈于1712年1月24日出生在柏林城市宫。他有很多比他年长的兄姐，其中除了他的姐姐威廉明妮，其他人都过早去世。他的父亲腓特烈·威廉一世在1713年登上王位时就想好了一套完全不同于其前任普鲁士第一个国王腓特烈一世的执政计划。新生儿的洗礼又一次以腓特烈一世认为其家族重获声望后应有的排场进行庆祝。他毫不耽搁地让他的孙子佩戴上在国王加冕时才会授予的黑鹰勋章，并以庄严的自豪感接受来自其他友好君主送来的祝贺和祝福。这种完全符合巴洛克鼎盛时期奢华风格的宫廷庆典是普鲁士历史上最后一次举行的"隆重庆典活动"，其风格体现了腓特烈一世统治普鲁士的理念，这种风格的庆典活动后来遭到了他的儿子腓特烈·威廉一世，特别是他的孙子腓特烈二世的否定和摈弃。

腓特烈的母亲索菲·多萝西亚王后来自汉诺威王室，是自1727年起统治英国的国王乔治二世的妹妹。她仪态万方，看起来内心充满了身处王室高位的荣誉感，还被认为

腓特烈·威廉一世（1729 年）

索菲·多萝西亚王后（1737 年）

美貌过人。她拥有雄心又诡计多端，在王朝统治方面具有坚定的等级意识。虽然腓特烈·威廉一世周围存在着浓厚的家庭氛围，但青年腓特烈在他的童年时期是否受到过母亲的照顾和关爱，似乎无法确定。这位王后想要获得王朝统治权的野心由于其后代接连的死亡而一次次受挫。至迟从这个时候开始，一个事实不得不浮出水面：腓特烈和他的姐姐威廉明妮仅仅是强权政治角力的工具。这不断引发家族间的冲突，有时甚至引起激烈的争斗。

腓特烈起初被交由家庭女教师罗科莱夫人照顾，她以前就是国王本人的家庭教师。腓特烈四岁时，家庭教师雅克·埃吉德·杜亨·德·约登接替了她的职位。他是法国胡格诺难民，腓特烈在登上王位后仍然对他怀有感激之情。两年后又来了两位军官充当腓特烈的教育者，他们主要负责军事方面的教育。国王亲自吩咐他们，要给当时六岁的腓特烈灌输军事思想，让其"真正热爱军人等级"，并引导他像一个"军官和将军一样行动"；除了对上帝的虔敬之外，没有什么"比真正的光荣和对荣誉、威望及勇气的渴望"更能让一个王公贵族弃恶向善。

一开始这位王子无论如何也不喜欢军事方面的事情。他生性害羞，"胆小如鼠"，是一个连开炮都会害怕的孩子，对此国王懊恼不已。后来有人悄悄对国王说，腓特烈保证"不再做胆小鬼"，而是做一个"勇敢的小伙子"，这时国王的担心才平息下来。然而比起战争游戏——直到王储时代后期，他都只是很不情愿地投入其中——这位少年可能是被国王关于对荣誉的渴望的教导所吸引。尽管这种教导有着语言和概念上的粗劣，但一种理想被勾勒出来，在几年之后成了他的精神财富。这其中也许也有家庭教师杜亨的功劳，他懂得怎样把触动心弦的理想转化为具象的憧憬，这让腓特烈在童年时代就对未来将要作为统治者而从事的工作有了具体的想象。1746年，腓特烈令人在普鲁士科学院前宣读他为杜亨写的讣告。在讣告中他坦诚地说道，自己所习得的"让所有人为之热爱以及让整个欧洲为之钦佩的英雄的美德和卓越的品质，表明了这位杰出的学生多么善于利用老师所传授的知识。而这位君王与这位始终让他尊敬的老师之间的友谊，同时也证明了教育的才能并不排斥取悦的才能"。

很明显，为了让腓特烈坚持学习，王室下了许多功夫。然而不确定的是，他对学习的厌恶是否是因为王室对其学习过程的全面监督。也不知道采取这种对其日程事无巨细的管理方式是否是因为别的教育方式似乎无法取得成效。但无论如何，许多事例都表明，不管腓特烈是否在精神和身体上被过高要求，他面对的教育压力使他的身体也几乎难以承受。而想强迫腓特烈遵守这一严格课程安排的正是国王本人。

这种显然丝毫不符合孩子天性的教育计划，成了父亲和儿子之间关系极度疏远的根源。在腓特烈成长的早期阶段就已经有迹象表明，这位王位继承人由于害怕违背父亲的愿望而持续将自己伪装起来。对于那些士兵模拟游戏、尤其令其憎恶的狩猎学习，以及和军校学员一起进行的操练，他都以一种精心计算的虚假热情去完成。让国王更加失望的是，他一次次地发现他的儿子明显想要按照自己的方式发展，并且试图用自我封闭的方式脱离他的监督。腓特烈在图书馆秘密搜集了近四千卷图书，其中主要包括法国伟大时代①作家的作品以及近代哲学和政治学的主要作品。伏尔泰等同时代的作家在这个时期也对他产生了吸引力。腓特烈试图建立一个避难所，以追求自己真正的兴趣，但显然他的行动最终还是没能逃脱生性多疑的国王的监督。后来他收藏的书籍被发现，并被立刻卖掉。

1727年5月1日，国王任命王储腓特烈为禁卫军首领，要求他留在自己身边，并且只能和军人打交道，同时还加强了他的兵役义务。此外，由于教育人员向国王坦言腓特烈在宗教学习上停滞不前，国王下令对其进行加倍的相关训练，禁止其所有的旅行。腓特烈只能陪同国王到君主国内偏僻的省进行视察。只有一次例外，1728年1月到2月之间，他在选帝侯国萨克森王国位于德累斯顿的宫廷中进行了为期四周的访问。在那里发生了国王在对这位王位继承人的教育中一直试图避免的事情，他接触到了宫廷的生活场景：那里处处散发的华丽光辉以及充满诱惑的、游戏般的轻快氛围；一个接着一个毫不间断的喜剧和芭蕾舞剧、宫廷宴会和舞会、焰火表演和化装舞会，它们让人觉得有

---

① 路易十四在位期间（17世纪）前后。

如一出壮丽的舞台剧，冲击着人的感官。然而与父亲的所有担心相反，腓特烈没有被这种宫廷生活的华美壮丽和纵情欢乐所迷惑。虽然他对自家王室中透出的简陋以及父亲粗鲁的举止感到厌恶，但显然他已经慢慢地接受了现实，将兵役义务和每天都要尽职的要求看作自己无权逃避的任务。虽然腓特烈对宗教问题日渐失去兴趣，但他了解宗教要求的行为准则，它们督促他过着苦行生活，并让他具有责任意识。

然而父亲与儿子之间的冲突越积越深，最终达到了戏剧化的顶峰。两人的争吵愈发激烈，语言也愈发具有伤害性。最终国王完全失态，由于"极度的仇恨"——腓特烈如此感觉——而不由得对自己的儿子进行殴打和虐待。他毫无顾忌地当着禁卫军军官甚至仆役的面对腓特烈发脾气，冲着他吼叫，并用极具挑衅性的轻蔑态度让腓特烈知道，如果他自己遭到了父亲如此的对待，他会开枪自杀。然而腓特烈却容忍了一切。国王这样做不再只是因为自己太生气以致一时冲动说出了过激的话，他显然是想要通过这种方式试图对腓特烈的自尊心和个人尊严进行毁灭性打击。

可是还原事情的全貌还得包括以下情况：腓特烈很清楚如何彻底弥补自己几乎每天都遭受到的情感上的伤害，并一针见血地让父亲恼羞成怒。一方面，他由于父亲的威吓而愈发表现出退却的姿态，然而另一方面，他越是害怕就越表现得轻浮和放纵。他常常对国王进行尖锐且轻率的评价，嘲笑他追求节俭的统治理念，特别是他古怪的社交

王储时期的腓特烈(约1735年)

方式。国王在柯尼希斯武斯特豪森狩猎季中的行为举止尤其是他讥讽的对象。不仅是腓特烈,就连他的姐姐威廉明妮也对自己的父亲冷嘲热讽。虽然这些嘲讽都是在暗地里进行的,但没有不透风的墙,国王不可能永远不知道。正如传言中经常说到的,国王对儿子的排斥态度感到非常伤心,常常因此陷入深深的无助和悔恨中。如此看来,腓特烈的反叛行为又进一步加剧了父子双方关系的恶化。

显而易见,王室中的这种紧张气氛很快蔓延到了政治领域。日益频繁的政治活动在宫廷中上演,即使在"士兵国王"腓特烈·威廉一世时期,宫廷也没能在严格意义上与家族的势力范围划清界限。虽然腓特烈·威廉一世曾发誓,要在自己的统治领域彻底禁止存在于腓特烈一世时期宫廷中的党派纷争和阴谋活动,然而最终他还是没能阻止身边的人组建各种企图以对立的方式影响国王政策的团体和阵营。例如,当时存在一个坚定的保皇派,其带头人是受国王亲信的顾问、奥地利将军弗里德里希·海因里希·冯·泽肯多夫伯爵。他组建了一个缜密的情报人员网络。尤其值得一提的是,他还用高额的贿赂把国王大臣中最有影响力的弗里德里希·威廉·冯·格伦布科元帅拉拢过来。格伦布科受过良好教育,具有政治远见且无所顾忌,这跟"士兵国王"在其职责和统治理念中所展现出的严厉性格及对宫廷奢靡生活的排斥态度形成了鲜明对比。格伦布科懂得如何在长达几年的时间中用灵活的方式引导在外交政策上举棋不定的国王采取行动,并且能够娴熟地利用自己的个人优势。因此直到1739年去世之前，他一直受到君主的宠爱和重用。

站在普鲁士宫廷各利益派别另一边的是王后及由各家族重要人物组成的巨大圈子，他们都支持女王的计划。起初索菲·多萝西亚王后打算让她的两个较年长的孩子与统治英国的韦尔夫家族的王子和公主缔结婚姻，这和她丈夫的意愿一致。显然她希望通过这种方式与她在韦尔夫家族的亲戚建立联系，从而在某种程度上恢复她在柏林的宫廷中日思夜想的昔日光辉而愉快的生活。因此，她早早地博取了两个孩子的信任，并试图拉拢他们，让他们也投入反对自己父亲计划的阴谋活动。然而普鲁士在1726年将对外政策转移到皇室后，与伦敦的谈判就陷入了停滞，尤其是随着最初的联姻计划也受到维也纳外交带着职业敌意的阻碍。

然而对于当时的腓特烈来说，这个联姻计划显然只是摆脱父亲禁令、获得活动自由的一种途径。也许他那时也很享受第一次处于政治大事件中心的感觉，在此之前人们都试图阻止他接触这些事情。他突然被卷入了两个党派的密谋活动中，随后又在外交官的质询中非常巧妙地且似乎不声不响地摆脱了这些事件。然而毫无疑问，腓特烈母亲运用一切手段推行的联姻计划再一次使父子之间的关系恶化。腓特烈这些轻率的活动从根本上来说还完全没有涉及政治领域，但国王并没有用冷静的眼光来看待，而是错误地以为儿子捉摸不定的行为，是在用阴谋手段对自己的统治权力以及整体政策提出质疑。

由于与父亲之间的冲突变得越来越尖锐，腓特烈生出了逃跑的念头。1730年5月和6月，他在波兰国王奥古斯特二世为向邻国普鲁士表示敬意而举行米尔贝格－蔡特海恩盛大阅兵式期间，第一次萌生逃跑的念头。虽然那时这还是不切实际的空想，然而腓特烈已下定决心有计划地摆脱父亲治下的王朝对自己的控制，依照母亲的愿望到英国谋求与艾米莉娅公主的婚姻。原本和宫廷外交官之间进行的旨在缓和局面的试探性谈话也退居其次，取而代之的是，其想要逃脱再也无法忍受的束缚和父亲跟踪行动的坚定决心。在此之前很久，腓特烈已经向朋友王家禁卫骑兵团的汉斯·赫尔曼·冯·卡特少尉吐露了自己的逃跑计划。卡特少尉生性冲动，是一个无所顾忌的人，而且由于一系列艺术上的共同兴趣，腓特烈觉得两人心有灵犀。1730年5月，国王在一个小型旅行团的陪同下前往德意志南部和西部，对几个诸侯官邸进行访问，腓特烈确定是时候实施计划了，他在缺乏准备以及受到严格监视的情况下实施了逃跑，打算经由法国前往英国。

腓特烈计划的逃跑路线是，经由安斯巴赫和路德维希堡到达莱茵河。通向辛斯海姆的途中，他在施泰因斯富特村庄停留，在一个简陋的仓库中过了一夜。他吩咐侍童凯特在8月5日上午备好两匹马等候在他的住处前。然而，第二天当腓特烈走到街上时，受命监视他的中校冯·罗乔以及父亲视察团中的一些其他成员已经在那里等候他。他被立即逮捕，并在严密的监视下先被送往普鲁士领土韦瑟尔。

接着，他被带到奥得河畔的要塞城市科斯琴，在那里接受了持续的审问。

国王下令组建了一个调查委员会，任务是在他不在场的情况下调查清楚这起密谋行动的目的和过程，并定期向他进行详细报告。在之后于9月16日进行的最终审问中，委员会向腓特烈出示了一册包含一百八十五条问题的审讯集，其中由国王亲自撰写的最后一部分问题（第一百七十九至第一百八十五条）已经超出了狭义上的审讯范围，将一些政治问题也考虑在内——例如，对一个临阵脱逃的侍卫军军官的判决会带来怎样的政治后果。于是这位王位继承人会被问到，他觉得自己将为其犯罪行为受到哪些惩罚。接着他还要回答，如果一个人"破坏了自己的名誉，并出于逃跑目的而实施阴谋行动"，他将受到哪些惩罚。而在这些问题中最关键的也许是第一百八十三条："他是否够格成为君主？"

在这里，王储大概第一次完全明白他的逃跑企图所引发的危机：王位继承权问题。在审讯集的第一百八十四条中，腓特烈被要求回答是否想要自己的性命，他对这个问题似乎毫无防备。接着他被问到了最后一个问题，其最终将第一百八十三条和第一百八十四条的问题结合起来，用具有启发性且明显经过精心计算的暗示，将审讯直接导向如何解决以国家名义制定的王位继承权的问题上。为此腓特烈必须回答，如果他由于破坏了自己的名誉而"不能合法继承王位"，他是否愿意让出王位继承权，"以保全自己的性命"。国王打算从腓特烈的逃跑企图中，引出对腓特烈来说极具威胁性的深远结果。

腓特烈在自我辩护中对答如流，这让调查委员会感到惊讶且印象深刻。例如，他用高超的技巧避免自己被卷入有关其行为是否损害了他的名誉的审问中。在面对自己是否有资格成为君主的问题时，他用迂回而又平和的方式回答道："他无法做自己的裁判。"他一再——包括对是否想要自己的性命的问题——回应道，他"听从"国王的宽恕和意愿。

他不断避免在放弃王位继承权这类棘手问题的审讯中给出具体的答案。但整个事件中有一点确定无疑，那就是腓特烈除了无条件地屈服于父亲的决定外，没有其他的出路可寻。

国王撕碎了腓特烈附在审讯记录中的赦免申请，并在9月16日命人把这位被捕的王储严密关押起来。对他的监禁要求都被详细地规定下来。接下来的几周，腓特烈陷入可怕的未知和深深的悔恨中。度过了几天十分艰难的、完全与世隔绝的日子后，他提出请求，希望能再一次向调查委员会全盘托出事情的经过。然而，直到10月11日委员们才再一次来到科斯琴，委员会主席是格伦布科，他在腓特烈企图逃跑后获得了国王前所未有的信任，并且通过与泽肯多夫秘密达成一致，而得以对普鲁士的政治产生决定性影响。

无疑，腓特烈在此期间的认罪态度是真诚的。他认识到，父亲将会一直对他采取暴虐的手段直到自己屈服，因此他不可能逃脱惩罚。他仅要求，如果自己被宣判了死刑，请立即执行以减轻他所承担的未知恐惧。他还说，如果自己同意放弃继承权能够赢回父亲的同情，他愿意这样做。这种因受到侮辱性的拘禁而被迫作出的罪行供认，一定包含着内心的斗争和逐渐萌生的断念。然而，仍然有迹象表明，尽管腓特烈被拘禁的环境越来越差，但他似乎远远没有到自暴自弃并放弃自己职责的地步。因为他显然成功地引起了父亲委任的委员会的极大好感，以至于他斗胆提出让自己重新穿上制服的请求——这是个无理的要求，国王听到后暴跳如雷。

10月22日，国王组建了一个军事法庭，对腓特烈王储及其共谋者今后的命运作出裁决。国王不想以统治者和立法者的身份在这件事情上作出最后决定。很明显，他的目的是不让腓特烈的行为表现得像是普鲁士王朝或家族的过错，而是将之作为一种需以军事视角作出评价和判决的罪行。按照普鲁士的战争法规，这构成了犯罪事实，将可能受到死亡的惩罚。这意味着国王在维护法律程序的严格性时，也保留了实施严厉惩罚的可能性。

然而法庭没有对案情达成基本共识。庭审人员一致认为，这个案件涉及的是"国家和家庭事务"，他们作为军官、诸侯和臣民，无权介入其中。在赫尔曼·冯·卡特少尉的案件中却存在着不同的观点。一些人判他死罪，另一些人则认为应该判他永久性堡垒监禁。国王腓特烈·威廉一世不同意这一判决，下令重新开庭，再次进行表决。虽然审判委员会坚持在作宣判时显得毕恭毕敬，但国王并没有因此而动摇。1730年11月1日卡特被宣判死刑，在国王的命令下，死刑要在科斯琴，当着腓特烈的面执行。

卡特少尉与王储腓特烈的结交既坦诚又带有目的性，在国王的内阁政令中，王储仅以一种奇怪的含糊性被称为"未来的太阳"。尽管国王在之前观察这位王位继承人时就已心怀妒忌，但他可能是在腓特烈实施逃跑计划的几个月后才彻底意识到这位年龄十八岁、拥有引人注目的天赋，并且极其讨喜的王储，在家族、军队，甚至是宫廷的阴谋中，多么给人以好感。他给许多人的感觉可能真的像是升起的太阳。然而，国王在卡特少尉被执行判决时，给科斯琴要塞司令官冯·莱佩尔少将下的指示清楚表明，卡特所接受的判决与王储不无关系。国王指示冯·莱佩尔在腓特烈的窗户下对卡特执行死刑："在开始 [用剑] 执行死刑前，你们、上校赖希曼和一个上尉要上去站在王储身边，以我的名义命令他观看整个过程。"同样明确的是，父亲派王家禁卫骑兵团的随军牧师约翰·恩斯特·米勒去看顾腓特烈王储，在米勒上路时，国王对其进行了嘱托。

因此，卡特的处决是一种惩罚，而这个惩罚也直接指向了腓特烈王储。这促使他彻底悔改。那些未曾中断地流传下来的书信和指示，以其极高的更新频率，让人们清楚地看到，国王在他用压迫的方式在柯尼希斯武斯特豪森的宫殿中建立的脱离世俗的庇护所中，牢牢地掌握着控制权，在整个诉讼过程中，他的目标除了强迫腓特烈最终跪服于自己之外，别无其他。他的这个目标并不是借助随军牧师对腓特烈进行的忏悔布道，而是通过命令其观看处决现场达到的。直到11月6日上午，才有人告知腓特烈将要执行判决，而后他就被迫站在监禁室的窗前观看处决。腓特烈惊恐万分，试图请求延缓执行，然而没有成功。看到朋友被处决的过程，腓特烈瘫倒在地，过了许久才从惊恐中缓过来。随军牧师米勒甚至担心他会"因为越来越悲伤"而患上严重的忧郁症。

没过几天，腓特烈就被命令在国王重新任命的陪同人员的监督下，在科斯琴的战争及领地官府中完成从早到晚的行政工作，并熟悉经济和政治方面的事务。陪同他的贴身男仆是卡尔·杜比斯拉夫·冯·纳茨默。但在这之前他被要求宣誓完全屈服于国王的意志，否则将会受到严厉的惩罚。在经历了数周到数月刻骨铭心的单调生活和不断的告诫后，直到1731年8月14日，国王才在他生日那天再次与这位王位继承人见面。他在科斯琴要塞司令官格伦布科的陪同下来到科斯琴。尽管腓特烈立即跪在了他的脚下，他还是利用这一年之后第一次见面的机会严肃地对腓特烈进行了一番劝诫。国王以专制者的自信再一次强调，还没有任何人能够违背他的意志行事。在这番严正批评的最后，国王表示，从现在起他将会考虑给予整个事件以宽恕。腓特烈抽泣着跪下，并再次亲吻父亲的脚。随后父亲将儿子搂入怀中。

1731年11月，在姐姐威廉明妮与拜罗伊特边区伯爵结婚之际，逃跑事件之后的腓特烈首次被允许前往柏林，并在全体司令员的同意下，被重新召入军队。当初，腓特烈无论怎样都非常抗拒学习作战技术；现在，当他最终有希望离开"苦难之地"科斯琴后，他觉得重新恢复自己名誉的机会是再次成为军官，并且脱离满手墨迹的、大多由市民组成的公务员群体，毕竟这个群体在一个由穷兵黩武的国王统治的国家中，只能被看作贱民和被统治者。

父子之间好不容易建立起来的融洽关系，现在又被悬而未决的婚姻问题破坏。出于家族习俗的考虑，国王很早就选择了不伦瑞克-贝沃恩家族的伊丽莎白·克莉丝丁公主作为儿子的结婚对象，她是哈布斯堡皇后的侄女，在泽肯多夫的暗中协调下，被维也纳宫廷作为王位继承人的夫人推荐给普鲁士国王。腓特烈虽然答应尊重国王的决定，但之后他在给格伦布科的大量表达强烈抗拒之情的信件中愤怒地直言这位未婚妻"极其丑陋"，并宣称他继位后会将她抛弃。从科斯琴的监禁室释放后，1732年2月26日他在家庭聚会上第一次见到了"这个人"，到了最后，他甚至觉得这位未婚妻非常"漂亮"。他向自己的姐姐坦诚道，他觉得"她有着晶莹剔透的肤色和细致的面容，可以说她的容貌秀丽[……]。可爱的姐姐，我认真把她托付给你照料，希望她可以得到你的保护"。1733年6月12日，婚礼在沃尔芬比特尔附近的萨尔茨达伦宫举行，之后这对夫妻搬到了自己的宫殿，位置紧挨着柏林宫。

然而，还有一个事件在腓特烈王储的一生中产生了更加重要的影响，那就是他在离鲁平不远的地方购得了莱因斯贝格庄园。在接下来的几年，腓特烈令人将它扩建为朴素但十分美观的三翼式宫殿建筑。建筑的风格并不突出宫廷身份的庄严架势，而是体现享乐主义式的轻快的生活气息。为了体现出无忧无虑的感觉，城堡拥有者希望制定一个合适的布局结构。宫殿的南翼带有一个位于夹层之中的卧室状的塔屋，从这里可以看到格里纳力克湖和公园；屋内设置的办公室和图书室是腓特烈真正的私人空间，他在这里从事研究、谱曲以及越来越有样子的文字创作。此外是一个绘有湿壁画的、由法国宫廷画家安托万·佩内负责装饰的大理石大厅，紧挨着大厅还有几个小房间。这是一个位于中心的建筑群，是专为圆桌宴会、舞蹈活动和合奏保留的。这种空间布置方式明显已经带有某些特色，体现了一种新的、受到哲学启发的统治理念——放弃所有奢华，追求简单无虑，这已经让人们看到了之后无忧宫的建造理念。

此外，莱因斯贝格时期所达到的艺术辉煌的意义还在于，在短短的几年时间里女性被吸收到了社交生活中。例如，腓特烈用热情洋溢的韵文和诗歌表达了对来到他的艺术宫的许多年轻女性的崇拜。只是在这些受崇拜者中缺少了他的夫人，尽管她也为这一时期所独具的追求快乐生活的基本价值观作出了自己的贡献。伊丽莎白·克莉丝丁优雅且靓丽——佩内也是在画作中如此描绘这位王储妻子的——但没有能够长期吸引她丈夫的魅力。腓特烈登基后搬离了莱因斯贝格,并将位于官邸北面的下美丽堡送给伊丽莎白·克莉丝丁,她按照旧制度时代的习俗在那里建立了自己的宫廷。至迟自1741年,二十九岁的普鲁士国王腓特烈宣布自己的弟弟奥古斯特·威廉为王位继承人后,他和伊丽莎白的婚姻不会再有孩子似乎已经确定无疑。

腓特烈在莱因斯贝格自学时的研究重点是克里斯蒂安·沃尔夫——一位德意志自然法教师——的伦理学。他希望在他的法语版著作中有所收获。腓特烈首先研读了沃尔夫首次发表于1719年的作品《上帝、世界和人类灵魂的理性思维》。在阅读过程中,他笔不离手,随时将对自己重要的和值得反复思考的内容进行标注和记录。在学习历史作品时——如孟德斯鸠的《罗马盛衰原因论》(阿姆斯特丹,1934年)等——腓特烈也采取同样的阅读方式。按照这种以文本为依据的知识接受方式,他写了数篇评论,多次让人将其作为手本印发给特定的读者群体。当然,从长期来看,伏尔泰的影响具有更加关键的作用。

1736年8月8日,在腓特烈第一次以书信形式向伏尔泰求教

让-安托万·乌东作品:《伏尔泰》(1778年)

之后，两位对整个世纪产生了重要影响的人一直保持书信往来，信件总计约有八百封。他们的书信未曾完整地流传下来，其中的内容从深刻的探讨到相互间幽默的恭维，涉及各种主题和感发。然而，重要的是腓特烈获得了伏尔泰这位良师益友，让他得以进入哲学和纯文学的广阔世界；并且，尽管人们对伏尔泰存在异议与争论，但他直到晚年都被看作一切事物的尺度。事实上，没有任何人能够比他更完美地体现启蒙思想所要求的那些原则：通过分析而达到的准确与明朗、批判性的理性思想、修辞上的优美，以及建设性和不带偏见的思考与促进人类福利的现实利益之间的固有结合。由此看来，与这样一位受到争议又广受爱戴、为所有欧洲人所钦佩的作家取得联系，并请求得到他的教诲以及与他对话的机会，对于腓特烈来说是一个巨大的挑战。

第三章

占领西里西亚与虚假的和平

1740年5月31日父亲的去世，对腓特烈来说是生命中一次影响深远的转折。现在他不仅登上了王位，还在毫无争议情况下将国家的行政权掌握在自己的手中。随着时间流逝，他的身边逐渐形成了一个新的智囊团。许多参加过莱因斯贝格庄园圆桌宴会的受腓特烈信任的人现在都已无足轻重，而在父亲的政权中接受过考验的许多人却留在了他们的岗位。然而，使政治权力的坐标系发生根本变化的主要是皇帝查理六世的去世，以及随后其女儿玛丽娅·特蕾莎于1740年10月20日的登基。腓特烈在1737年撰写的文章《对欧洲政治统一体现状的思考》中就已开始思考这个事件将会在普鲁士造成怎样的局面。那时腓特烈就已表明了自己将借助皇帝的逝世插手强权政治事件，并在其中维护自己利益的决心。他在文章中写道，他担心人们甚至会批评他"太过鲁莽和活跃"。"说不定天意将会选择我来将国王以其远见为战争所作的光荣准备付诸实施。"他的猜测在之后得到了应验。

皇帝去世后，似乎"男人表现其大胆进取精神"的时刻到来了，腓特烈在他的作品《反马基雅维利》中将其视为采取行动和改变世界时所必需的精神。1740年10月26日他在给伏尔泰的信中写道，"现在是时候对旧的政治制度进行彻底的改变了"，"尼布甲尼撒梦中那块打向四种金属并砸碎一切的石头已经飞来"。进军西里西亚时发布的一份公报中，已经可以听出在后来也一直使用的要采取预防性措施这一基本思想。这一思想后来确保腓特烈在各种力量不可避免地开始对哈布斯堡王朝的遗产进行讨价还价之前，夺得了一个省份，阻止了可能更有资格获得这个地方的竞争对手，如巴伐利亚和萨克森。

腓特烈进军西里西亚之前还在给舅舅英国国王乔治二世的信中写道，奥地利的皇室正在"受到袭击，即将崩溃；那些袭击者公开提出接替统治权的要求，并密谋夺取部分遗产。鉴于我的国家所处的地理位置，我有极大的利益去避免这些行动造成的后果，为此最重要的是赶在那些觊觎普鲁士的堡垒——西里西亚的国家之前采取行动，所以我不得不向这块公爵领地派遣军队。我只想借此阻止其他人强占这个地方，因为这会损害我的利益，并且对我的家族一直拥有的对此地大部分的控制权造成不利影响。我的唯一目的是［为了自己的目标］维护奥地利家族，并让其真正得益"。

1740年11月15日，腓特烈国王的计划有了具体的步骤。他命令柏林的军队假装朝哈尔伯施塔特方向移动。他在给内阁大臣波德维尔斯的信中,带着对胜利的信心写道:"我打算在12月8日进行打击,并开始实施最重要的计划(冬季行动!),这个计划曾经被来自我家族中的一位亲王运用过。祝您一切顺利,我的心告诉我会有好兆头,并预言我的军队会取得成功。"他再一次从莱因斯贝格返回柏林,并于12月13日动身前往奥得河畔的法兰克福,以便在12月16日越过"卢比孔河"向西里西亚挺进。他的两支部队在实际行军中没有遇到抵抗。当军队进入冬营地时,除了少数几个堡垒外,几乎整个地区都掌握在普鲁士手中。然而奥地利人的反抗绝没有被打断。更确切地说,决定国王远征西里西亚的行动还在等待战斗决定下达。4月某个寒冷而晴朗的下午,战斗在布雷斯劳南面一个叫莫尔维茨的村庄打响。这次交战让普鲁士的步兵部队暂时陷入了窘境。在这种看起来混乱且似乎极其危险的局面下,陆军元帅什未林斗胆恳请国王让军队撤离战场以确保安全。是什么让腓特烈听从了这个建议,至今不明。无论如何,鉴于不可避免的失败的事实,他选择了逃跑。直到收到什未林重新扭转了局势并得以固守战场的消息后,他才又返回军队。但是,尽管以这样的方式取得了"胜利"(此外,战争的损失也是巨大的),普鲁士明白这场夺取西里西亚的战斗最多只是一个序幕,而绝没有获得决定性胜利。这也再次证实了一个说法:一切都是从西里西亚开始的。

此时,腓特烈在还是王储时就已预言的事情早已发生:一直持续到1748年的整个欧洲对哈布斯堡王朝遗产的争夺。

这场冲突由许多场不同的战争组成，它们在历史书写中被统一称为奥地利王位继承战。最终冲突以《亚琛和约》的签订而告终，和约给予了皇室财产占有权的保证——西里西亚和意大利北部的一些小领土是例外。

在那些企图从皇室遗产中获取某些补偿的政权里，普鲁士所扮演的角色的特殊性在于，腓特烈是第一个打破那些在旧制度时期的国家政治中尽管仍然存在所有矛盾，但已赢得一定约束力的惯例。腓特烈的做法是，省略很长的开场白，快速动用武力，在极其危急的局势中让规范失效，而规范本可以阻止"一般的小打小闹"（乔治·皮博迪·古奇语）。因此，他借助对西里西亚实施的迅速行动，在各政权组成的权力系统中引发了极深的恐惧：他们不得不把战利品中的更大部分留给竞争对手，或者完全输掉。然而对腓特烈来说，兼并西里西亚表明，与奥地利皇室的对抗是不可逆转的。年轻气盛的他在1740年12月的日子里实施的行动，对他的整个一生产生了不可估量的影响。

战争的爆发起先给在所谓"遗产划分专述"基础上建立起来的法国、巴伐利亚和萨克森联盟带来了军事上的巨大优势。然而已不可避免的皇室的崩溃无论如何都不是普鲁士的利益所在，因此腓特烈国王开始重新确定行动方向。按照他的计算，只有当普鲁士从中部强国组成的严密阵线中突围出来，并且建立起勃兰登堡王室相对于其竞争对手的优势，这次西里西亚的冒险行动才有意义。不顾与奥地利军队总司令达成的停火协议，腓特烈于1742年1月18日动身前往德累斯顿，想要动员萨克森向摩拉维亚进军。然而，向下奥地利的远征行动由于腓特烈莫名其妙的迟疑而失败。直到5月底——对国王来说显得太晚了——奥地利的主力军突然来到南波希米亚抵抗入侵者，霍图西采爆发了战斗。在战斗中，普鲁士的军队经过浴血奋战才保持住优势。腓特烈现在的目标是与哈布斯堡宫廷达成最后的和平协议。在英国的斡旋下，二者于1742年6月11日在布雷斯劳先行签订了临时和平约定，约定中，普鲁士除了下西里西亚之外，还被允诺可以获得包括伯爵领地格拉茨在内的上西里西亚地区。此外，双方商定，不给各国的敌对方提供帮助。最终的和约于7月28日签订，它结束了第一阶段争夺西里西亚的战争。然而正如腓特烈从一开始就怀疑的，它包含了针对埃尔茨豪森的修订保留。

奥地利希望从和平协议中减轻压力的愿望事实上得到了实现，因为在1743年和1744年的战役中，其主要对手——尤其是巴伐利亚和法国被挤开，实力也被长期削弱。这一令人吃惊的转变，让腓特烈陷入了极大的不安。为了阻止普鲁士越来越明显的孤立态势继续发展，他曾打算制定一些计划，其中一个方案刚一成形，他就再次动用武力，穿过萨克森的领地，向前突进，入侵了没有军队把守的波希米亚。实际上他用奇袭的方式攻占了布拉格，之后在波希米亚采取了没有明确目标的军事行动。军队的给养问题以及与奥地利人前攻后防的小型军队的不断战斗，最终迫使他于10月25日开始了不那么光彩且损失巨大的撤出波希米亚的行动。

腓特烈又一次挑起了先发制人的战争,又一次像在1740/1741年和1742年的战役中那样,乍看起来冒险且果断地向距离遥远的——然而可能过于遥远的——无军把守的国家挺进。然而,每当奥地利的主力军队出现在战场,他认为自己已经获得的优势就消失了。虽然可以宣称自己暂时占领了西里西亚,但并没有实现彻底削弱哈布斯堡家族实力的目标,而在他看来,这是确保自己能够顺利进行掠夺战争所必不可少的。事实上,最终他不得不将战略主动权一次次地让给奥地利人,却无法抵抗让他感到危险的孤立状态。

慢慢地,腓特烈也明白了他将自己置于怎样一种状况中。下一年的4月,他在写给波德维尔斯的一篇较长的书信中承认自己是在冒很大的风险。"如果世界上所有不幸借此机会密谋共同对抗我,我将无可挽救。但我不能站在另一边。以我现在的处境,我能想到的所有可能性中唯一有成功希望的出路就是战斗。这是能在短短数小时之内决定病人命运的药剂。"他继续写道,现在留给他的希望,只有一场大战。然而此外,他又向波德维尔斯表现自己内心坚信的斯多葛派宿命论:"不要失去勇气,继续履行你们的职责,就像我履行自己的职责一样。此外,你们要致力于弄清那些将会决定未知命运的事情;无论发生什么,我们都将免于责备;我们现在缺少的不是机智与勇气,而是让各种事物相遇的运气。"

在这期间，似乎出现了腓特烈渴望看到的最大的也是最后的机会：奥地利和萨克森各自出兵组建了一支军队，其目标明显是要越过苏台德山脉，向下西里西亚平原方向行进。之前，腓特烈故意放弃了关口的保护，就好像他要邀请自己的对手攻占西里西亚。此外，他让所有人都知道他在司令部，从而不仅得以保证军队能够重新被组织起来，根据数量补充兵力，还可以让军队重新找回他们过去的自信。6月3日至4日夜晚，当腓特烈准备给毫不知情的对手——他们的军队集结在瓦尔登堡山地北部边沿的霍亨弗里德堡——以打击时，一切都已经过深思熟虑。萨克森的军队撤退后，一场大胆的、被视为战争史上没有过先例的骑兵战最终决定了战斗结果。这次由龙骑兵团实施的进攻，迫使战斗部署受到威胁的奥地利人退回山中。腓特烈在这次战斗中第一次作为全权统帅经受了考验，同时他的能力也在这个地区得到了证明和尊重。在这里，除了西里西亚的所有权，君主国的领土完整也面临危险。同样是在这里，腓特烈将他的个人名誉与普鲁士王国的命运结合了起来；还是在这里，成功与失败这一对反义词也被绑在了一起。他在战斗开始前几个星期给波德维尔斯写信说，他将会"宣告[我的]支配地位。或者，除了普鲁士的名声，一切都将毁灭并与我一起埋葬"。然而，在这里已经可以看到，国王作为军队总指挥官的重要性几乎没有被高估。无论在战争准备阶段还是在执行过程中，他完全按照《反马基雅维利》中所说的原则出现在战场营地，出现危机情况时他也会到场。

虽然腓特烈战后放弃了对落败对手的立即追捕,但他之后还是又一次进入波希米亚,并在那里出乎预料地再次碰上被派来抵抗入侵者的奥地利军队。敌对双方在极近的距离相互观望了数周之久。这种伴随着持续小冲突的计策,又对普鲁士军队造成了消耗战斗力和降低士气的影响,尤其军队补给的状况正日渐严峻。在这种局面下,腓特烈又遇到了一件不合时宜的事情,皇后的妹夫、奥地利军队总司令卡尔·冯·洛林亲王被唆使向普鲁士军队发动进攻。行动是在经过有意发出很大动静的夜间绕行后于9月30日清晨时分实施的。当时亲王率领所有可以动用的军队,带上费力找来的大炮进行了攻击。虽然腓特烈完全被这种奇袭所震惊,但他还是以令人吃惊的镇定和能力冲破了奥地利军队的队形,把敌人击退到了周围的森林中。被派往卢萨蒂亚和萨克森的部队进行了另外几次交战后,普鲁士最终得以于1745年12月25日与德累斯顿缔结和约,和约再次认可了普鲁士国王对西里西亚的并吞。

腓特烈通过又一次武装战斗赢得了什么?无疑,经过持续数月对波希米亚领土的征战,他削弱了对手的实力;虽然遭受了巨大损失,但在直接的实力较量中,他再一次成为胜利者。然而,即使索尔战役这样的失败也没能改变奥地利军队夺回西里西亚的战略目标。就此而言,1745年的战役和有关西里西亚问题的《德累斯顿和约》都不具有任何决定性的影响。虽然随后在1748年10月18日,参与奥地利王位继承战的国家之间又达成了《亚琛和约》,对哈布斯堡王朝的继承资格得到了最终确认(颁布了国事诏书),普鲁士吞并西里西亚的行动也再次得到了认可,但所有参与国都清楚,这样的状态只是临时的。

第四章

巩固实力的年代

所有以传记结构为基础的叙述形式，只有通过对生平的连续展现才具有逻辑性与合理性。这同样适用于对腓特烈大王事迹的总结。如果不与腓特烈作为王储时期受到的影响和早期经历结合起来，何以讲清楚他的这次西里西亚冒险行动？如果不了解其青年时期的冲劲——带着这个劲头，一个刚刚登上王位的君主，在1740年强权政治的漩涡中，指望"获得强国的权利"——何以理解最终威胁到国家危亡的七年战争的前后过程？这似乎表明，现在还应该继续按照时间的发展顺序进行讲述。因为显而易见，他一生在政治和军事方面的事业才是他生平的真正中心。但无论在莱因斯贝格时期，还是登上王位后，他在其他一系列领域都作出过杰出贡献。这里主要指的是《亚琛和约》(1748)缔结后的休战期。那个时期依然明显带着"现代的"（亦即与时代相适应的）冲动的特征，并因此值得赞赏。就此而言，提到腓特烈这段显然可以被视为转折期的人生阶段时，就不得不说到他为促进艺术和科学发展，以及扩大他本人的收藏所做的事情。因此，按照时间顺序进行的传记式书写，在本章将退居次要地位，第五章再回到被视为腓特烈生平中心的国家建设这个话题。

在众多腓特烈给予资助的活动领域中，很难总结出他确凿无误地促成了哪些领域独立且影响长远的发展。例如，在王储时期就有许多东西是符合其兴趣且可以让他为之付出精力的，然而，最终这些东西都被证明深受与时代品味相对应的业余及个人爱好的影响。此外，他的许多门类繁多、集中在艺术和科学领域的活动，主要是为了分散和转移他投入公务的精力，那些工作被视为他必须负起责任的苦行。然而，他懂得在扩建自己的官邸时，让人建造出与他的一生具有惊人一致性的纪念碑，直到今天，这个建筑群都借着国王名字的光辉坐落在那里，并铸就了波茨坦和柏林这两个都城的形象。首先必须肯定的是，他的建造活动使背负着挥霍无度之骂名的祖父相形见绌。建筑群中的大部分建筑都以其多样性和原创性展现着独一无二的旧制度时期的官邸样貌。当然，建筑群中的许多建筑与那些著名的建筑设计师——如克诺贝尔斯多夫、贡塔德和博曼兄弟——有着紧密联系。然而，毫无疑问的是，腓特烈自己也通过充满野心的建造计划力求将建筑设想变为现实，建筑每一处细节的风格、设计语言和造型规划无不体现了国王个人独特的喜好。像路易十四一样，他不仅关心建筑群在规模上的规划、位置的设定、施工的场所和相应的空间方案，还关心建筑质量和装饰方面的具体问题。众所周知，腓特烈掌权后对官方的肖像画保持着极其怀疑的态度。但他对此容忍了。随后他命人以巴洛克式的风格把自己塑造为身披长袍、化身为神的统治者，这种风格大多体现在他的雕像中，它们出色地解释了他对自己的评价。例如，他直接地、绝非偶然地将自己与阿波罗等同起来的想法，在莱因斯贝格由佩内创作的屋顶湿壁画和之后在夏洛腾堡宫的楼梯间装饰中，就已经得到了证明。而在对常常超过其真人大小的雕塑品——起先这些雕塑被作为莱因斯贝格庄园阿提卡式屋顶的装饰，后来几乎在他所有的代表建筑上都有使用——做神像学的研究时，也能够发现阿波罗的母题，其明显暗示了王室主人的身份和作为战争英雄的光辉。

所有建筑中，最独特也最具原创精神的作品无疑是消夏别墅无忧宫。这是腓特烈下令并亲自参与，由克诺贝尔斯多夫主持，于1745—1748年在波茨坦城门前的魏恩贝格山上修建的。在这里腓特烈实现了他的一个建筑想法：超越官方的国家形象和宫廷标签，创造一个符合内心深处的喜好，体现细致优雅的形象的庇护所。他想实现从庄重繁复的巴洛克式到轻快的洛可可式的一般建筑风格的转变。宫廷建筑中的每一处，都体现了个人的需求、对舒适性的追求以及宫殿拥有者的个人偏好。隆重和华丽感被置于次要地位；这个由王储时期的腓特烈和他的朋友在莱因斯贝格生活时共同设计规划的宫廷区域要体现出享乐主义式的轻快生活之感。这个沿横向远远延伸的单层建筑的每一个房间都朝向一个地势很高的梯形露台，远远望去可以看到

《
《
无忧宫的画廊

哈弗尔兰的景色，看到众多湖泊在平原上闪烁。

借助无忧宫的建造，腓特烈找到了宫廷展现自我的新途径，一种被认为独一无二的、具有风格的表现形式。这是一个哲学家和美学家，一个具有启蒙责任感的君主，一个充满思想的年代的代表所应该有的作为。他不仅搜集古代的雕塑品，让它们与自己的房间和花园融为一体，而且是最初一批能够发现一个画家——如让-安托万·华托——天赋的人。无忧宫的建造体现了在欧洲宫廷文化中某种未曾有过的东西。它标志着国家和王朝在自我表现上的一个发展跳跃，其魅力至今都不能忽视。

腓特烈还下令修建了许多城门，并且在代表城市形象的波茨坦中心广场修建了众多凯旋门，此外他还在坐落着德意志大教堂和法兰西大教堂——两座淳朴实用的古老建筑——的御林广场上添加了两个圆顶塔式建筑。不过对腓特烈的自我评价以及作为建筑所有者在理念上的明显变化起到决定性作用的是波茨坦新宫的建设，这是他在七年战争（1763—1768）结束后，无忧宫基本完工时下令在一片空地上建立的。这里计划建立的是一个建筑群，不是狭义上仅由一个单独的宫殿建筑所组成的，而是包含了两个经过精心装饰的农场建筑，也就是所谓的附属建筑。这个附属建筑连着一排高大的柱廊结构，柱廊的中间是一个凯旋门，这个部分又重新回到了无忧宫的基本风格。这个气派豪华的建筑计划已不再像建造无忧宫时考虑到个人性，更不要说私人性，而是让人感觉，国王似乎从这个建筑开始陷入了一种思考：他想让这个建筑仅仅用来表现勃兰登堡王室绵延不绝的力量。

如果按照腓特烈国王下达建筑任务的时间顺序进行排列，那么处于第一位的要数菩提树下大街的歌剧院。它同时也被作为柏林市中心席勒雕像的重要部分而建造。这个建筑是在1740—1743年间，也就是腓特烈刚继位时，根据腓特烈自己的草图以及克诺贝尔斯多夫的构思建成的，其目的是用引人注目的方式让遍及首都的广大民众看到并留下深刻印象：一个和老国王统治时期的普鲁士有着极大不同的新时代开始了。对于腓特烈来说，这宣告了国家发展路线的新开端，他要用这种大张旗鼓的方式表明，从此国家将进入一个阿波罗时代。于是，他安排挑选出的歌手和演奏者组成表演团队，定期上演剧目，让宫廷之外的首都民众参与其中。歌剧院开始动工后，建筑速度得到大力推进，在1742年12月7日就宣告开幕，首演剧是由格劳恩创作的用意大利语演唱的正歌剧《克利奥帕特拉和凯撒》，该剧的题材符合传统的宫廷嬉游曲的形式。

歌剧院的建造，一方面是一种君王的自我展现，另一方面是为了收藏艺术珍品。帝国内外大部分有竞争力的国家的首都早在16世纪和17世纪就拥有了大量艺术品和武器收藏室，其中的珍品不仅用于宫廷居住和应酬空间的装潢，还专门被放在艺术收藏室之中以供欣赏。而这种王室自我展现的高雅形式当时在勃兰登堡才刚刚开始。腓特烈一世可算是普鲁士第一个在这个领域有所作为的国王，他将其身为选帝侯的前任所收藏的物品进行了系统的、大规模的补充。但在提倡苦行主义的"士兵国王"腓特烈·威廉一世统治时期,这种体现王室艺术抱负的收藏行为已不再继续。这从他将举世闻名的琥珀宫赠送给彼得大帝,以及用奥拉宁堡宫殿收藏的瓷器换取不断壮大的萨克森龙骑兵的行为中就可见一斑。腓特烈·威廉一世在他偏爱的住所柯尼希斯武斯特豪森所从事的带有小城市粗鲁风格的活动,与王储时期的腓特烈在德累斯顿奥古斯特二世那里所感受到的艺术气息和贵族排场,形成了巨大的差异。通过亲睹两种不同的风格,腓特烈也意识到了差距。

那么问题来了:抛开腓特烈对其祖父追求奢华和痴迷收藏的行为的保留态度不论,他自己认为哪些东西是适度和得体的?德累斯顿给他留下的印象一定是他日后在政治上表现出来的挑战精神和持续的竞争精神的来源。然而尽管腓特烈在艺术领域具有极强的野心,他仍然只是一个有经验且求知欲旺盛的门外汉,同时他也是一个收藏家,他在大量购买绘画和雕塑时凭借的主要还是在艺术市场上的巧遇。

很难判断的是,腓特烈是凭借怎样的眼光,按照什么主题来进行收藏的。但无论怎样,众所周知的是,他在青年时期对法国先锋派描绘宫廷优雅风情的风俗画,尤其是对让-安托万·华托、尼古拉·朗克雷和让-巴蒂斯特·佩特情有独钟,还分别购入了几位画家诸多出色的作品,而到了五十年代,他放弃了这个偏好,转而开始收藏符合君王自我展现传统的绘画作品。在一些老于世故的顾问——如威尼斯人弗朗切斯科·阿尔加洛蒂或与他非常亲近的阿尔根侯爵——的影响下,他将目光转向了古典艺术,并尝试将意大利文艺复兴和巴洛克时期的杰作,以及荷兰和佛兰德斯画派——其中包括伦勃朗和鲁本斯——的代表作收入囊中。关于腓特烈购买绘画时偏爱哪些题材的问题也很难给出明确答案。华托和朗克雷的雅宴画中散发出的优雅和轻快之感,肯定至少曾时常浮现在王储腓特烈的脑海中。毫无疑问,当时腓特烈的艺术想象世界与莱因斯贝格艺术宫中轻快的生活状态有着密切关系。也许正是这种结合促使腓特烈在1763年,也就是在摧毁了一切幻想的七年战争结束后,怀着追忆的伤感,又一次购入了华托的一幅杰作——规模宏大的第二版《西泰尔岛的巡礼》。如今这幅画作和腓特烈于1744年购入的篇幅宏大的《热尔桑画店》一起构成了夏洛腾堡王室珍品的一部分。

此外,腓特烈还收集一些和自己的基本信念以及洛可可风格的时代品味无关的绘画。那些以神话为主题,或描绘古典故事——如圭多·雷尼所绘《克利奥帕特拉之死》——的绘画最有可能进入腓特烈的教育视野中。而众多宗教题材的作品——如伦勃朗的《摩西十诫》等——几乎和他的内心喜好没有任何联系。当他观赏圣塞西莉亚或鲁本斯笔下的圣母与圣子时,什么会给他以启发?有迹象表明,在他年事已高时,艺术与生活之间的关系似乎越来越疏远。有人推测,腓特烈晚年购买艺术品时不再受题材

尼古拉·朗克雷作品：《飞马喷泉边的舞蹈》（1721年后）

的驱使，而是首先考虑艺术家的国际声望。与之相应，新购入的画作明显是要强调自己在各国组成的权力竞争网中占据统治地位的资格。也就是说，在这些年腓特烈仍然将国家和军队巨大的财政需求放在眼里，并且不断地试图在国家需求和君主对自我展现的渴求之间建立一种受理性控制的关系。没有历史资料表明这些建造宏伟建筑和无节制收藏的举动所指向的对象是谁。他的这种"辉煌成就"显然无法让那些有原则的哲学家和启蒙运动家——如伏尔泰——以及他早年间接触的人感到敬佩。就这点来说，有些人认为腓特烈的自我表现形式经历了一个转变过程。早期他抱持着轻快享乐的生活理念，后来他相信宫廷的庄严华丽作为外界感知的形式,对于一个有竞争力的强国来说是决定性因素。腓特烈似乎渐渐认为自己不同于马基雅维利曾非常贬斥的"小王公",而是"大诸侯",应该和欧洲强国俱乐部的其他当权者一样拥有宫殿、收藏和军队。

在欧洲各国中普鲁士可作为一个独特的现象,原因是其国家财政即使在连年不断的战争时期也总是保持稳定,没有欠下长期的债务。在旧制度时期,统治一个大国意味着会欠下很大的债务,并且要过超出自己财力的挥霍生活。在普鲁士,尽管不得不承认,腓特烈时期重商主义政策所取得的成功是用国家对所有领域实施的高压政策而换取的,但从"士兵国王"腓特烈·威廉一世开始,普鲁士的情况就已不同于其他国家。尽管贸易量急剧扩大、财政管理体系越来越庞杂,然而有证据表明,腓特烈利用严格的国家财政手段让国库始终保持盈余,并且在毁灭性的七年战争结束后国库的盈余还能够有所增长。腓特烈当前的财政政策越来越明显地体现出其父亲统治时期就坚定执行的国库储备政策。而后七年战争带来的创伤经历又进一步推进了他的财富积累政策,这带来的结果是,他近乎不可思议地给后来的王储留下整整五千一百万塔勒的国库。正如腓特烈大王担忧的那样,腓特烈·威廉二世在其只有十一年的连续摄政时期就将这笔资金挥霍耗尽。尽管腓特烈给人印象深刻的两个《政治遗嘱》表明了其针对每个领地的财政状况和经济潜力问题有多么细致的思考,然而这种运用一切手段增加国家财政的做法背后的动机,基本上不是以经过理论思考的经济与财政政策规划为基础的。而且腓特烈无论在国家政策的哪个领域，制定国库政策时，考虑的始终是国家的行动和扩张能力。从这方面来看，他合理地运用了一个从根本上不同于普鲁士第一位国王的统治理念。

除了对国家财政的担忧，腓特烈在巩固国家实力的年代还全身心投入对内部国土的开发。实际的例证可以马上列出一长串，此外还包括一些改革措施，这些在有关七年战争的章节中还会讨论。1747年他已经开始实施系统性的殖民措施。他多次以垦殖政策的名义颁布诏书，给予愿意移民的外国人（尤其是手工业者）大量特权，以吸引他们迁移到国内，特别是西里西亚地区。例如，他致力于让普法尔茨的垦殖者迁移到人烟稀少的普鲁士领地，因此，他也延续了大选帝侯腓特烈·威廉曾大规模实施的政策。此外，1748年他还发布了"收买农民土地"的禁令，由此阻止了贵族领主囤购农民地产的行为。腓特烈主要是想争取从根本上改善农民的社会和经济状况。1755年他下令在核心省份的领地以及东普鲁士废除农民徭役制度并规定了相应的服役费。然而1750年他又明确禁止将骑士封地卖给市民，这从很多方面来说都是一个不无矛盾的隔离政策，七年战争结束后他又重新采用了这个政策。

司法是国王腓特烈一生致力的事业。如果说推动科学研究的作用主要是在与各大国的竞争中给国家声望的展现提供机会，且科研活动主要集中在位于柏林的普鲁士科学院，那么司法建设则属于政治领域，国王腓特烈带着坚定的责任感一次又一次地投入完善司法体系的工作。早在他的前任还在位时，维护由君主建立的司法确定性在国家事务中就占有很高的地位。按照那些国家理论家的观点，司法保障是专制统治最重要的治理责任。然而对于腓特烈来说，司法建设的意义在于，其对自己作为一个具有启蒙运动和人文主义理念责任感的君主的形象建立具有决定性意义。分别完成于1752年和1768年的两个《政治遗嘱》都把第一章的内容分配给了司法事业。鉴于普鲁士的法律传统的繁复性和矛盾性，腓特烈决心同负责司法事务的大法官科克采伊一起"改革法律，并只将存在于自然合法性（公平）中的规则作为改革的基础"。也就是说放弃以宗教或基督启示为依据的基础。取而代之，他要让自然法的原则获得通行。此外，他决心永远不干预审判程序，也就是说要放弃独断判决的权利。然而他保留对法官办公过程监管的权利。在1768年的遗嘱中他加入了新的内容，其中写道，保障财产安全是每个社会和良好执政的基础。法律要对统治者和最底层的臣民具有相同的效力。

也许这种愿望在18世纪中期已不再显得那么创新独特，但必须强调的是，腓特烈在他掌权后立即采取了一系列具体的改革措施，并将其他许多领地也纳入了改革的考虑范围。1740年他在原则上废除了刑讯以及对杀婴女性实施野蛮溺亡的制度，1746年禁止进行公开的教会赎罪活动并限制死刑的实施。尤其在对极其复杂的、多层次的私法领域进行改革的过程中，出身于不来梅法学家家庭、极其审慎且有能力的萨穆埃尔·冯·科克采伊成了腓特烈的顾问。这位著名的自然法教师执教于奥得河畔的法兰克福大学，掌握各种履行其任务的国家理论知识。此外，他也在实践中为司法体系的改善以及法官职业的改革作出了贡献。从所有方面来看，国王腓特烈在原则性和法律程序问题上都与这位在1749年被任命为大法官的政府大臣保持一致。科克采伊的法律改革最终（1755年）获得成功，保证了一个延续了罗马法的、在君主国的所有地区统一执行的、各方面都得到改善的法律秩序的建立。此外，改革还果断尝试弥补法律诉讼中各种严重的落后状态，以及加快审判的速度。

科克采伊法律改革的另一个结果是，政府在法律裁判中坚决使用法学家团体。所以一个人在被任命进入司法同业集体之前，必须以国家考试的形式接受考核。被抱怨延缓审判过程的律师行业现在也被赋予了责任，并且在收取诉讼费用方面受到了严格的监控。腓特烈的所有这些严格监管措施都是出于伴随他一生的对司法人员的不信任，这种不信任最终在围绕米勒·阿诺尔德（1779年）的丑闻事件中导致了腓特烈的过激反应。这起法律纠纷导致的后果首先是，当时在职的大法官冯·菲尔斯特男爵被免职，接着，约翰·海因里希·卡西米尔·冯·卡默被任命为"司法大臣"。他促使腓特烈再次采取行动，对司法行政部门以及立法过程进行根本的改革，改革最终促成了大型的《普鲁士一般邦法》的编纂工作（该法典在腓特烈死后的1794年颁布）。

在后期被委托进行立法工作和司法改革的法学家们——位于前列的除了冯·卡默外，还包括卡尔·戈特利布·斯瓦雷茨和恩斯特·费迪南德·克莱因两位重要的法律学者——作为忠诚的、受国王约束的国家公仆，虽然没有损害专制君主统治制度的基本原则，但他们将当时存在的社会关系与受到天赋人权思想启发的契约和义务准则紧密结合在一起，由此确保君主制国家权力将不可避免地实现自我约束。在这方面，腓特烈为他所委任的工作人员和顾问提供了活动空间，使他们可以用新的、指向未来的视角进行改革。冯·卡默、斯瓦雷茨和克莱因是新一代的法学家，他们在许多原则问题上意见一致，并且在一些市民团体——如柏林星期三学会——中带着严肃和负责任的态度试图弄清国家和社会的未来形态。他们是那些对君主国的自我更生能力坚信不疑的国家官员，也是带着这种在当时的普鲁士非常典型的社会心态来从事改革工作的。法律改革为实现国家的远大计划和憧憬开辟了道路。

第五章

大战时期(1756—1763)

在七年战争中也有关于西里西亚问题的争执。很显然，这是由奥地利一方引发的，其一直想要结成新的联盟。在各国忙碌活动的氛围中，普鲁士站在一旁观望，觉得自己不得不面对一个将整个大国体系囊括在内的秘密外交，其真正的目的腓特烈只能猜测。从文件资料中我们得以了解更多细节，并可以看到，奥地利皇后后来的国务大臣文策尔·安东·考尼茨伯爵早在四十年代末就制定了旨在与普鲁士的敌对者结盟的计划。他不仅考虑通过战争重新占领西里西亚和格拉茨，还要彻底将"勃兰登堡家族的力量缩小到其最初微不足道的次等国家的状态"，也就是要消灭奥地利的这个危险且麻烦的竞争对手。尽管这位在霍夫堡皇宫中拥有权威的外交家为此付出了极大的努力，但这个计划久久无法得到实施。直到普鲁士拉拢英国，并最终通过1756年1月16日签订的《威斯敏斯特条约》确立英普同盟后，奥地利与法国的联盟谈判才宣告成功，组成了奥法"逆转联盟"，这成了七年战争爆发在权力政治上的前提条件。

腓特烈决心首先发起这场战争的原因是各国矛盾纷争的激化让普鲁士感到了危险，还是腓特烈无法抑制的对力量的渴望，引发了学界的激烈争论。这个对于普鲁士国王的形象不无影响的问题，由于缺乏资料来源，已经没有办法给出明确答案了。无论如何可以肯定的是，对于腓特烈来说应该有一箩筐的因素促使他这样做。不管怎样，1756年8月29日普鲁士军队在没有宣战的情况下跨过了萨克森的边界，并且像在波希米亚战役中一样，没有遇到什么大的抵抗。萨克森的军队在被认为不可攻破的要塞柯尼希施泰因构筑了防御工事，把保卫土地的任务交给了一支从波希米亚开拔过来的奥地利部队。1756年10月1日，腓特烈在离一个名叫罗布西茨的村庄不远的地方再次与这支部队进行了决战。在这场战役中，虽然双方损失都很大，但普鲁士军队还是获得了最终的胜利，然而这并没能缩小奥地利巡逻队的作战半径。腓特烈整个冬天都待在德累斯顿，以极其严肃的态度思考战争资金这一越来越棘手的问题。

腓特烈曾拉开了战争的帷幕；现在，1757年，他又一次被迫继续战争，也就是说，这一次也是在强制命令下发起的无条件的进攻战，因为他必须尝试在逐渐形成压倒性优势的敌对者夺取主动权之前作出决定。基本上，他没有别的选择，只能再次冒险进军波希米亚。他意识到仅仅夺取仓库或缓慢推进位置这样的小打小闹不能达到削弱主要对手力量的目的，在这一点上，他的行动策略是始终不变的。奥地利人已经多次证明了这个事实。因此，在这年的早些时候，也即4月18日，多支普鲁士军队越过通向波希米亚和摩拉维亚的边界，在山的另一面集结，其目标首先是占领受到严密防护的首都布拉格。腓特烈计划从城市的上方绕过已经排好阵势的奥地利主力军，从敌人的背后实施进攻。5月6日清晨时分展开的头几次伤亡惨重的战斗没有给任何一方带来绝对优势。直到奥地利军队在调整战斗阵容时暴露了漏洞，普鲁士军队才得以成功，迫使受到重创的对手退回被包围的要塞。然而除了自己遭受了巨大损失外——什未林失守，腓特烈的总参谋长温特费尔特也身负重伤——腓特烈又一次没能给皇帝的军队以致命打击，在势力对抗中取得平衡。因此，在1757年的战役中普鲁士想要避免勃兰登堡家族遭到完全的毁灭，不得不需要"奇迹"的发生。

腓特烈此时一心想要通过突击占领布拉格。但在他获得成功之前，一支在数量上占有优势的、由奥地利陆军元帅利奥波德·约瑟夫·冯·道恩伯爵指挥的战斗部队从东部逼近，其进攻意图毫无保留。虽然腓特烈遭到了几个有经验的将军——如齐腾——的警告，让他不要对处于高点的奥地利人发起进攻，但他还是冒险尝试，结果在经过激烈的战斗并遭受巨大的损失后只能放弃战场。他亲自投入战斗，不断鼓励自己的军队用以往的方法采取进攻，以避免灾难的发生。最终普鲁士军队不得不接受在西里西亚战争中的第一次失败。腓特烈没有其他选择，只能命令军队撤退，并立即宣告结束对布拉格的围攻。事实证明他是一个非常危险的对手，但由于他的急躁和对战争的坚决，他又非常容易受伤。接下来的几场战役也证明了腓特烈抱持的在旧制度时期不寻常的战争理念，既奠定了他的成功，也注定了他的失败。但是他的独特个性也正展现在这一点：他为了达到目标而坚定地采取冒险行动，并且最终也能获得成功。

从波希米亚的撤退最终落得了彻底失败的结局，对此，腓特烈把责任推给了他的弟弟普鲁士亲王奥古斯特·威廉，并当着军队首领的面，对他进行了质问。奥古斯特·威廉随后放弃了指挥权，退出军队。在这期间，普鲁士的对手逐渐组成了军事同盟。一支数量庞大的奥地利军队到达上卢萨蒂亚；一支法国军队到达威悉贝格兰山区，很快在7月26日的哈斯滕贝克击败了由普鲁士和汉诺威组成的联军。同时法国主力军在斯特拉斯堡集结，准备在效忠皇帝的帝国军的参与下向德意志中部推进。这时腓特烈又一次将军队分开。格罗斯带领的军队留在卢萨蒂亚掩护南翼战线，他自己则带领另一支军队前往图林根对抗法军。随后普法两军沿萨勒河并行，彼此隔河观望。直到11月5日，国王发现敌人的行军阵列分散得很远，于是找到机会在离罗斯巴赫山村不远的地方向对手发动了奇袭。在普鲁士军队的两翼进攻中，法军和帝国联军的阵形被完全打乱，不得不放弃他们所有的大炮以及大量战俘，在黑暗中逃跑。

这次惊人的胜利至少让腓特烈打退了他的其中一个对

手。现在奥地利想要同盟国一起发起集中进攻已没有可能。这样，腓特烈不仅在没有流血的情况下赢得了一场在当时看来不可思议的胜利，还大大降低了对抗普鲁士的大联盟成功的机会，这让整个欧洲都为之震惊。之前腓特烈在西里西亚和萨克森获得的前期成功，被认为是窃取而来并且最终只是临时的胜利，现在腓特烈打算从这个阴影中走出来，为自己打造新的形象——一个通过自己永不放弃的意志，在看似没有希望的战斗中重新赢得道德上的尊重的人。这是腓特烈在经过了同哈布斯堡家族的战斗后，第一次和一个一直在国际上享有名声、军事上不可匹敌的霸权国家正面交锋。虽然腓特烈原本肯定没有打算同这个在内部具有亲和力、在外部广受钦佩的国家拔刀相向，但他的果敢和胜利带来的声望让他最终投入大战并成为焦点。原本腓特烈面对的只是同奥地利关于西里西亚问题的谈判，现在经过一系列事件，他最终晋升为军事和政治上的关键性人物，从此不光在帝国范围内，而且在跨越地区的整个欧洲大陆，人们都不得不怀着仇恨或钦佩看待这位普鲁士国王。然而，腓特烈是否能够保护强占而来的西里西亚不从手中旁落，还有待他日而定。

普鲁士在西里西亚的事务逐渐演变为近乎灾难性的转折。施韦德尼茨和布雷斯劳落到了奥地利人的手中，已经无法为普鲁士军队提供补给支持。于是，腓特烈在与法国的对战获得胜利后，几乎没作停留，被迫直接率军疾行前往西里西亚，与自己最主要的敌人决一死战。12月初，在布雷斯劳附近遭受重创并继续战斗的新编部队处在天寒地冻之中。1757年12月4日上午，腓特烈找来他的指挥官们，用德语发表了语气镇定的演说，向他们解释了局势的严重性。在这些日子中，他从未像这次一样在他的军队面前表现出如此冷静和决绝的坚毅。12月5日清晨时分，军队接受了检阅，两支步兵纵队布阵完毕，随后在骑兵大队的侧面掩护下，普鲁士军队暂时击退了奥地利和萨克森的几个先遣小分队。在仔细侦察了奥地利人的作战阵形后，腓特烈决定以两座遮蔽视线的小山丘为掩护，分两路，从阵形狭长、南北纵向排列的对手旁边通过，然后用斜行阵的作战原则，在洛伊滕山村突入对手的侧翼。为了进一步掩饰自己的作战意图，腓特烈让一些分队继续沿着原本的行军路线前行，假装要向奥地利人的战线实施正面进攻。接近下午一点半，奥地利军队才从一直对普鲁士人原本的作战部署发动的攻击转向真正的战场。随后，奥地利军队的战线被普鲁士的骑兵包围，最终由卡尔亲王——这是他最后一次指挥军队——布置的战斗阵形被击溃。腓特烈的胜利又一次引起了轰动。他迫使奥地利人再一次撤出从1757年秋季后一直占领的西里西亚大部分地区，并且不得不放弃由重兵把守的首府城市布雷斯劳。

在研究中，人们对这次战争奇迹多有思考。必须承认的是，军队极其严格的纪律对战争的胜利起到了很大作用。然而腓特烈的作战计划在其中或许是决定性因素。腓特烈具有创造性的、在片刻的决策中想出的这套包围战术，才是普鲁士军队在一个冬季的下午，以短短几小时的时间，击败一个数量上是其两倍的强大军队，并迫使其在遭受严重损失的情况下撤退的关键。可以肯定的是，腓特烈和他的将军们对地形特征细致入微的了解帮助他们获得了胜利。但毫无疑问，在这个充满戏剧性、挫折和艰辛的战争之年的最后，腓特烈的作战技巧达到了他统帅生涯的顶点。然而，促使他最终发起七年战争的政治和军事环境，让他不得不决定在下一次征战中再一次采取进攻的战略。虽然后来已不能想象还会占领新的地区，但他不得不重新夺取主动权，以至少摆脱其中一个对手。

在重新编排了一支由英国支援，由斐迪南·冯·不伦瑞克公爵——他是国王的妹夫，除了作为军队统帅在最短时间内表现出了过人的天赋外，后来还被证明在军队组织上也表现突出——指挥的观察军后，腓特烈无论如何可以肯定，法国人不会马上再次进攻德意志中部。于是1758年他计划向摩拉维亚进攻，夺取重要的战略要塞奥尔米茨，从而将奥地利人的主要兵力牵制在关键性冲突地区之外并遏制其行动。因为所有迹象表明，1758年俄罗斯帝国的军队第一次介入了争夺西里西亚的战斗，而这可能对勃兰登堡选帝侯国本身造成威胁。

尤其因为一支急需的补给运送车队被截获，对奥尔米茨的包围不得不中断。在这次重大的失败后，国王转而向诺伊马克行进，越过奥得河，以便立即同俄国入侵者战斗。虽然还有很多其他选择，但腓特烈尝试包围战术未果后，选择了从正面进攻俄军，最终将其击退到曹恩道夫村庄的后面。然而这是一场多么惨烈的胜利啊！整个战争近乎一场大屠杀，获胜的腓特烈及其军队在8月天的炎热中也被极大削弱，原因主要是俄军尽管遭受了巨大损失，但并没有马上撤退到边界外。尽管如此，腓特烈还是在观察军到来之前就向南方行进，与他的弟弟海因里希亲王的军队在德累斯顿汇合。随后他又动身前往西里西亚，其间他想与一直追踪并给他制造麻烦的奥地利人直接会战，但众所周知奥地利军队十分谨慎，不愿离开自己的埋伏地，只是试探性地与普鲁士军队接触。在此期间，腓特烈带着远远低于对手人数的三万人的军队在霍克齐停下，以一种经历了种种危险状况后失去警惕的状态，挨着一片延伸开来的、望不到边际的森林右翼区域安营扎寨。第二天天还没亮，对方编排了多路纵队，向腓特烈的大本营发动了经过良好协调的奇袭。当时腓特烈由于之前的疲劳还在睡梦之中，哪怕呼号声在他周围响起，都不愿意让人叫醒他。但在经过前几轮交战后，腓特烈第一次决定承认失败已经不可避免。这样他就得为自己战败的军队建立一个安置点，使其能够有序地撤退到新的大本营中。腓特烈在战争中失去了几位亲密的战斗伙伴，接着又传来了姐姐威廉明妮去世的消息，这给他内心造成了极大的震动。

到此为止，普鲁士军队在战争中遭受了巨大损失，需要花费巨大的力气才能弥补，因此，想要按照原本预防性战争的构想再次发动进攻，已经是不可能的事情。就此而言，腓特烈基本战略规划中所设想的彻底转变局势的计划破灭了，在流传下来的腓特烈对战争的总结中也有相应的观点。他第一次感到有必要停下来，用军队冬歇期的时间来补充兵力，并重新编制军队。在冬季的几个月中，他一直待在布雷斯劳，在失去了许多亲密的朋友和信赖的人后，尝试着通过诗歌、音乐和欢快的嬉游曲重新恢复力量。

腓特烈让他的军队主力留在下西里西亚，也就是待在平原地区，他希望在那里让对手遭受致命的失败。他还盼咐三支较小型的部队，在萨克森、上西里西亚和波美拉尼亚通过突袭的形式，以有限的目标，让对手遭到损失。腓特烈想要通过这种方式改变战略，将主动权让给他不得不视为主要对手的道恩，像奥地利人之前一直做的那样，等到时机成熟时再给对手以反击。然而在1759年7月底，俄军主力和一支被派遣向北行进的奥地利军队一起，在陆军司令官恩斯特·吉迪恩·冯·劳顿男爵——他当时还是中尉，后来成了一位重要的将军——的指挥下发动了一次集中性进攻。在将对手的进攻阻挡在奥得河畔的尝试失败后，库尔马克以及首都陷入了俄军火力的直接射程内。腓特烈毫不迟疑，于8月初跨越位于法兰克福下方的奥得河段，向库讷斯多夫进军，在地形条件不利且对手在高地上构筑了防御工事的情况下发动进攻。由于正面进攻已经无望，他在一段艰难的行军后决定于1759年8月12日，一个炎热夏日的中午时分，向位于米尔贝格高地的俄军左翼挺近。在普鲁士步兵获得了初期的大胜后，腓特烈坚持要继续战斗，然而在遭受了难以形容的损失后，而且劳顿发动了具有威胁性的防守反击，事实证明，由于地形的阻隔，无法从一侧将对手一线排开的阵线击溃。结果是普鲁士军队四散而逃，且不得不将所有野战炮遗弃在战场。直到8月14日，血腥屠杀后过了两天，所剩无几且大受打击的普鲁士残余部队才撤退到奥得河之后，并重新编制。

在耗尽了所有精力的状态下，又鉴于在紧邻本国活动中心的地区遭遇的灾难，腓特烈再一次计划自杀。他的大量表达厌世之情的文字都流传了下来。然而在经过了短短几天无法名状的沮丧情绪之后，他重新鼓起勇气，再一次接管军队指挥权，下令购买火炮，向西南边的菲尔斯滕贝格进军，以阻挡其间已越过奥得河的联军向柏林进军。道恩带领一支奥地利军队在另外一支分遣队的掩护下去往北方，以支援联军的作战行动。然而，8月28日，库讷斯多夫战役结束仅过去十四天，俄国人就转而朝向南方，往利贝罗塞行进，他们带走了一个由劳顿指挥的军团，出于后勤补给的需要，该军团被指派给俄国人提供支援。他们的理由是：他们已经为战争目标牺牲得够多了。俄国人的离开对于腓特烈来说就像是"勃兰登堡王朝的奇迹"。这句像是一声长叹的话语，是腓特烈在给他的弟弟海因里希的一封信中写到的，它在后来成了总结整个战争发展过程的关键词。这个事件也确实是一个转折。因为只有俄国和奥地利这两个对中欧各国权力关系有着决定性影响的霸权国家联合在一起，有关哈布斯堡家族对西里西亚地区所有权的

让-安托万·乌东作品:《海因里希亲王》(1784 年)

问题才能得到修正。在此之前,帝国联军从未如此接近过这个共同的战争目标;腓特烈也从未像这几周所经历的那样处于如此走投无路的地步。然而现在发生了如此造化弄人的转折!

转折的发生有很多原因。其中一个重要的原因是,海因里希亲王利用道恩向勃兰登堡边区进军的机会,在背后切断了奥地利人通向波希米亚的补给线。这个计策促使道恩立即率军折回,并让俄军方面的最高指挥官萨尔蒂科夫最终决定撤回奥得河以外，放弃战役期间所有合作计划。腓特烈对俄军进行追击，从而避免了奥得河畔要塞格洛高的失守。随后他进入索菲恩塔尔的一个兵营中，在那里，他由于猛烈的痛风发作，不得不瘫卧在床数周之久。他利用这段时间，忍着疼痛写了关于瑞典国王卡尔十二世的文章，后者光辉的英雄形象在腓特烈的青年时代就引起了他的关注。但随后在11月初他就动身前往萨克森，命令经验丰富的弗里德里希·奥古斯特·冯·芬克中将带领一支一万五千人的观察军突入奥地利军队主力背后。尽管他的许多顾问都向他指明这支分遣队强大的打击能力，但他仍然坚持自己的命令。结果，包括八个将军和所有参谋官在内的整个部队在马克森地区又一次被俘。

到战争的第五年，也就是1760年，发动进攻行动已经不可想象。这一年的头几个月，只有一些部队行军和假动作以试图避免所有决定性战役的爆发。在萨克森和西里西亚之间的一次平行行军中，道恩设法在一条更向南的路线上超过普鲁士军队，并将在西里西亚进行军事行动的劳顿部队拉到自己身边。奥地利人又一次占据压倒性优势，并下定决心，绝不让腓特烈再次逃跑。在几次摆脱困局的尝试失败后，腓特烈在1760年8月14日至15日夜间转移到利格尼茨旁的一个兵营。天还没亮，他就动身出发，在途中与从东部来的劳顿部队相遇，这支部队和普鲁士整个军队实力近乎相当。两军爆发了短暂而激烈的战斗，在奥军主力和莱西的部队还未能参与战斗的情况下，劳顿被迫撤回到设置在卡茨巴赫以外的出发地。随着劳顿的撤退，普鲁士军队打开了一个缺口，让敌人能够进入自己精心设计的包围圈。腓特烈马上利用这个缺口进行已安排好的撤退。这次解围之战也使得俄国和奥地利几乎不可能再像上一年一样进行联盟。

然而其间，奥地利和俄国的一些小型战斗部队已经推进到柏林，他们在首都将一切落入手中的东西全部毁掉。直到腓特烈率军而来，他们才仓皇撤退。接着，腓特烈转而往易北河中段行进。1760年11月初，道恩在维也纳宫廷的敦促下，向托尔高进军，在该城西北部丘陵状山脊上扎营。这时腓特烈看到他急切盼望的又一次战机到来。他把军队分成几路，将叙普蒂茨的南方战线交给齐腾负责，自己则试图往西北方向出发，经过数小时行军，绕过奥地利人的阵地从背后进攻。直到当天下午早些时候普鲁士的几条阵线才作好进攻准备，道恩已准备好迎击，猛烈的炮火立刻让普鲁士全部精锐部队丧生。普鲁士的第二波进攻也像在炮击战时一样被击退且损失惨重。最后，留在南方的齐腾军队发起了坚决的进攻，他率军突破黑暗，攻上奥地利人所在的高地，这里是奥地利战线，尤其是炮兵阵地绝佳的支撑点。这是决定战争结果的一场进攻。最终普鲁士军队获得胜利，奥地利人被迫撤退到易北河东岸。但是将道恩彻底赶出萨克森的战略计划失败了。

从1760年的战役中已经可以看到，腓特烈不顾自己的盟国对战争的排斥情绪愈加强烈的事实，越来越脱离行动准则，并且在面对人数占优势的对手时，只考虑防御和缩进战斗。从奥地利将领职权范围的分配中也可以看出，1761年战争将完全集中于重新夺回西里西亚。在那里，劳顿指挥着一支七万二千人的部队，将尝试重新与俄国军队联合。然而双方起初采取了观望的态度。直到1761年7月19日，劳顿率军越过猫头鹰山的关口，由此才展开了一系列军事战术上的行动。然而双方都在不动神色地迂回行进，以防留给敌人任何可利用的空档。而到了8月中旬，俄奥联军开始了共同作战行动，第一次在西里西亚以一支大约十三万人的大军对抗腓特烈。

鉴于对手在数量上的优势，腓特烈放弃了所有进攻的企图，也放弃了他通常遵循的、近乎鲁莽的原则：一切交给战争的不可预知性。相反，他带领军队撤退到位于本齐维茨较高地带的营垒，不顾该地有众多河道和沼泽的事实，命令士兵挖壕沟、建树篱以加强营垒的防御力。许多做法都让人想起联军在库讷斯多夫战役中让他遭受灾难的情形。只是与1759年的灾难不同，联军最初根本没有尝试执行由劳顿设计的进攻计划，他们犹豫不决，且和自己强大但分散很远的军队雇佣兵产生了分歧，因此一直停留在起始位置。普鲁士军队原本临时搭建的营垒逐渐形成包围状，而腓特烈在这期间一直待在军队中。他让人在前线的后面为他搭建了一个帐篷，满足于贫乏的食物，而这些食物在特定情况下可以供应整个军队。夜晚，他就在一个防御工事的露天草垛上度过。在这里腓特烈看上去很冷静，待人随和，就像他在洛伊滕战役前表现的那样。这再一次证明了一个无所不在的统率军队的国王是一个不仅会对自己的军队士气，而且会对对手的行为产生重大影响的因素。

8月31日，联军集结完毕，排出了一个呈扇形向外扩展开来的战斗阵容，腓特烈对这种阵容早已看透。然而，俄军在这场战役打响之初新换的总司令布图尔林突然拒绝支持劳顿的战斗计划，暂时搁置了所有行动。敌对双方就这样对峙了几天，都没有采取行动，直到9月9日，包围圈不知什么原因被解除，俄军开始撤退，腓特烈立即抓住主动权，派遣一支观察军深入布图尔林的背后。这支分遣部队超越俄军，对他们的补给线造成了很大的破坏，加快了俄军撤退的速度。在没有重大伤亡的情况下，国王安然无恙地度过了又一个征战之年。然而，正当腓特烈觉得战斗会逐渐减少时，劳顿在9月30日的一次奇袭中夺取了西里西亚最重要的堡垒之一施韦德尼茨要塞。结果是，奥地利军队自西里西亚被吞并以来，第一次得以重新进入山脉这一侧的冬营地。尽管普鲁士军队在这场机动战争的开端总体损失不大，但这次的损失让他们遭受了严重的挫折。

1761年10月5日英国主管大臣威廉·皮特辞职后，国王的处境也出现了巨变。"德意志战争"在英国公众中变得越来越不受欢迎，最终在皮特的继承者[①]、外交大臣布特

---

① 这里指的是地位，而非职位，因为皮特辞去的是南方部主管大臣，布特上任的是北方部主管大臣。南方部和北方部要到1782年才合并为外交部。

勋爵的任下中止。皮特在任时孜孜不倦地为他倡导的政策而努力，借助他的政策这个岛国无论在海洋上还是殖民地中都获得了无可争议的霸权地位，同时欧洲大陆政策也没有被忽视。英格兰之所以参与普鲁士的军事行动，当然是为了保护选帝侯国汉诺威，这两个国家因为英国与汉诺威王室的关系而以共主邦联的形式联系在一起。但同时英国参战的目的还在于，要将其在海外的主要竞争对手法国卷进这场昂贵且艰苦的大陆战争中。由于自己在殖民地中取得的成就以及斐迪南·冯·不伦瑞克公爵在西德意志战场上获得的一系列辉煌胜利，英国议会不愿意再承担每年给腓特烈支付高达四百万帝国塔勒补助费的义务。即使没有与普鲁士结盟，与法国达成和平条约也一直是伦敦政策的既定目标。此外，支付协议的有效期仅为一年，而到1761/1762年冬天协议已经到期，因此在不需要违约的情况下，英国可以逐步脱离与普鲁士的联盟。

此外，1762年初，还出现了另一个从根本上改变实力对抗关系的转折点。1月5日，伊丽莎白·彼得罗芙娜女皇在圣彼得堡去世。然而更具决定性的是，来自荷尔斯泰因-戈托普王朝的皇位继承人彼得三世是腓特烈的狂热崇拜者。在上一次战役期间，沙皇宫廷内存在的紧张关系和对立状态导致了各派在战争目标上发生了巨大分歧，并且导致军队最高统帅的频繁更替。但是现在彼得命令他的军队指挥官立即停止战斗。也就是说，俄奥战争联盟在关键时刻瓦解，这对普鲁士坚定信心和最终吞并西里西亚的目标具有决定性影响。因为根据1762年5月5日在圣彼得堡与俄国达成的和平友好条约，瑞典也在5月22日同意停火，这意味着腓特烈的压力将得到进一步减轻。这表示俄军不仅要从被占领的普鲁士领土撤出，还要支援普鲁士，在共同行动中对抗其之前的盟友。

不管怎样，西里西亚的战争仍在继续。这场激烈战斗的焦点是普鲁士一方铁了心要夺回的施韦德尼茨堡垒。尽管在沙皇彼得三世被逮捕谋杀后俄国军团突然撤退，腓特烈还是得以迫使奥地利人撤退。经过过去几年不间断的阵地战，腓特烈熟知博克施道夫周围的地形。因此7月21日，他在几乎没有希望的情况下冒险进攻奥地利人设在较高地带、布满堑壕和障碍物的营垒，最后在损失相对较小的情况下取得了惊人战果。战役结束时奥军统帅道恩不得不放弃阵地，并丢掉了施韦德尼茨堡垒，这也得归功于腓特烈本人。10月9日，这座城市终于被重新征服，奥军主力的另一次救援行动也被击退。

早在1761年初就已开始的几次试探性谈判，是向萨克森和约的签订迈出的第一个具体步伐。但直到1762年12月30日，在刚刚继位的沙皇叶卡捷琳娜二世——彼得三世的夫人——的调解下，各国才在莱比锡附近的选帝侯萨克森的狩猎行宫胡贝图斯堡开启正式的和平谈判。谈判于1763年2月15日促成了对普鲁士、奥地利和萨克森之间现状的规定。根据和约，包括伯爵领地格拉茨在内的西里西亚仍然归普鲁士所有，而萨克森作为帝国范围内的一个选帝侯国，其战前的疆界要得到完整恢复。由此，经过一致协商，之前结盟的三个大国英、法、俄被排除在了为解决帝国内部事务而签订的协议之外。

尽管纷争中涉及的问题影响深远，触及了整个权力体系，但《胡贝图斯堡和平协议》清楚表明，在这场冲突中，首先要解决的问题是德意志内部各国的竞争关系和权力要求。可以明确的是，自从在考尼茨的斡旋下形成各国联盟以来，这场战争的最主要目标无关英法之间在海外问题上的对抗，也无关俄国在中东欧的外部牵制计划，而在于奥地利皇室想要在西里西亚问题上扭转现状。当为了完成这个战争目标所作的政治和军事努力最终以全面停火的局面而告终，且所有继续战斗所必需的资源——特别是对于奥地利方面——都已枯竭时，似乎和平协议是唯一的出路。1763年2月10日，英国和葡萄牙以及法国和西班牙已经先在《巴黎条约》中就殖民地所有权重新分配这一影响深远的问题达成了一致。1759年腓特烈承诺的"勃兰登堡王朝的奇迹"真的实现了。

一定有一系列结构性因素导致了反普鲁士联盟的失败。在1758年的《战术和战争中某些方面》一文中，腓特烈本人已经指出了对方一些根本的战术错误，这些错误让普鲁士获得了解救。但是，正如一直强调的，他个人在其中的参与也可以被看作是现在这一局面得以形成的决定因素。在七年战争期间，腓特烈的个人形象变得越来越清晰。他在登基后立刻利用各种策略让普鲁士卷入了极其紧张的政治局势中,从而引发了人们战斗的决心,这在旧制度时期是独一无二的,同时又是出乎预料且让人恐惧的。腓特烈为将普鲁士纳入大国圈子所作的不懈努力必然要求一种与其他大国不同的战略纲领,那就是坚持到底的绝对意志。

此外,腓特烈作为以君主身份指挥战争的统帅拥有许多优势,而这些优势让他在战争中获益良多。与他同时代的人已清楚地认识到,腓特烈的作战条件与对手的相比有着怎样的不同。例如,不断有人敏锐地指出,反普鲁士联盟军的统帅们只能采取可绝对预测其风险的措施。德国军事理论家克劳塞维茨在他的伟大作品《战争论》中回顾了这场战争,他评价道,联盟军的这些统帅是"带着任务行动的,因此他们的主要特点是小心谨慎"。毫无疑问正是那些让腓特烈不得不部分承认其遭受了灾难性失败的战争体现出盟军统帅们的这个特点。在战争中他获得了拼尽全力和强硬进攻的威名,因此即使在库讷斯多夫战役中那样惨败,他仍然能够凭借他的这种精神给对手以震慑。只有这样才能最终解释为什么他的大部分直接对手总是出现神秘的犹豫行为。

因此,七年战争不是一场任性的战争。它是一场经典的"建国战争"(约翰内斯·伯克哈特语),因为它确保了普鲁士之前一直不被承认的在大国协调中的地位。这个非同一般的打拼过程,是一个为未成熟的国家巩固自己实力的过程。坚持不懈的努力最后获得了成功，从具体方面和长期发展来看这意味着一个传统观点的破产。这种观点认为，应该维持已经牢固建立的强国圈子不变，将那些奋勇追赶、为了自己的发展而奋斗的中等强国排除在"欧洲权力分配垄断集团"（弗里德里希·迈内克语）之外。按照"勃兰登堡王朝的奇迹"的设想，普鲁士最终成了强国俱乐部的一员，并且在欧洲五大强国的政治框架内，参与到使权力政治的游戏规则得到遵守，以及现存的联盟体系不被破坏的行动中。

虽然七年战争使各国之间爆发出了原始的能量，但它仍然与旧制度时期发生的众多政治事件有着相同的属性。那时，拥有主权的诸侯国在持续不断的竞争中不断发生冲突。所有参与者都将这场战争理解为国家战争，在这中间我们看到的只有那些采取行动的摄政者和他们的官员。这场战争还和大多数发生在17、18世纪的统治集团间的战争一样，是一场争夺霸权的战争，在欧洲大陆是奥地利和普鲁士之间的争夺，在海外是英国和法国之间的争夺。从欧洲战争这一狭义层面来看，这场战争的驱动力量是维也纳宫廷，其在1748年《亚琛和约》缔结后，面对西里西亚被吞并一事在国际和约中得到确认的事实，立即定下目标，要同以违背法律与篡夺权力的方式崛起的竞争对手普鲁士进行对抗，并要通过外交和军事手段促使西里西亚问题得到修正。因此，有充分的理由可以将七年战争称为第三次西里西亚战争。这是一场排他性的国家冲突，是主权者之间的一场为荣誉而进行的决斗，决心决斗的当权者欲借此恢复受损的声誉、习惯了的霸权地位和预设的大国秩序结构。

第六章

战争年代后的重建工作

战争结束后,一切和以前不一样了。腓特烈已离开国都几年时间,如今当他回来时,这里的一切已变得可怕和陌生。战争留下的恐惧回忆仍然存在于他的意识中,他只是偶尔才会谈到这种恐惧的感觉。他甚至还向他的弟弟海因里希亲王,这位常常发牢骚但最终证明了自己的忠诚的战友诉说战争中的经历,说这场战争"导致了大量的流血、惶恐和损失"。腓特烈至迟在库讷斯多夫大溃败之后,抛弃了最初深深激励着他投入西里西亚战争冒险的一个信念:战争统帅具有永远不死之魂。他曾在绝望中写道:"我们的战争荣誉从远处看非常美好,但如果谁见过人们在维护荣誉的过程中经历了怎样的痛苦和悲惨;在炎热和寒冷中,在饥饿、肮脏和衣不蔽体中遭受了怎样的身体匮乏和劳累,他就会对这种'荣誉'作出完全不同的评价。"1762年9月27日他在给挚友阿尔根侯爵的信中写道,他已看惯了不幸和令人厌恶的事,面对这个世界上的所有事情已变得无动于衷,现在,他对以往让他印象深刻的所有事物都已没有感觉了。他说,他在战争期间遭受了太多痛苦,"我的精神力量已经完全耗尽,冷漠和无感像一个壳子罩住我,让我不再能够做任何事情"。战争的结束对于腓特烈来说也代表着他个人的全新转折。

战争造成的损失是巨大的。根据较新的估算,所有参战国家的伤亡人数总计达到了五十万。根据腓特烈的计算,仅仅在普鲁士,死亡人数就达到了十八万。但根据记录,在平民中也有许多人牺牲。例如在选帝侯边区和诺伊马克,居民数量减少了五万七千多。在整个君主国范围内,人口减少的数量估计在三十万到四十万。腓特烈在继续撰写他的回忆作品《大事记》时记录到,许多村庄变成了瓦砾和灰烬,城市变成了荒野。接着他写道:"为了能够对破坏程度作一个整体的想象,为了能够对人们的绝望和沮丧程度作一个判断,你不得不设想出这样一个遭受蹂躏的地区,在那里,已经几乎找不到任何一个地方存在曾经有人居住过的痕迹[……],一万三千所房屋消失,没有可耕种的田地,居民再没有粮食可吃。"所有这些要比它们看上去的更加严峻,因为在支撑重商主义经济政策的学说中,人口增长具有重要的、几乎被奉为原则的地位。因此欧洲的掌权者们不断尝试将外来人口,尤其是拥有技能的外国殖民者和宗教逃亡者引入自己的国家。此外,之前一直在实施的降低铸币成色的政策已经显露出影响,人们已经能够感受到货币的贬值以及物价的加速上涨。在这些巨大的不利影响中,有许多都是战争带来的直接后果。此外,到处发生的经济和银行业危机影响了整个欧洲大陆的金融和贸易往来，并以特殊的方式让普鲁士国内的经济发展陷入停滞。

然而毫无疑问的是，战后腓特烈立即开始对这个被折磨的国家和遭受巨大损失的军队进行重建。1762年5月，在对国内遭受战争摧毁最严重的省份的视察过程中，他又一次回到诺伊马克以及和俄国人交战的地方，看到那里被严重破坏的景象后陷入崩溃，过了很久才恢复过来。1766年4月14日颁布的有关纳税申报的规定表明了普鲁士开始对现存的经济制度进行深入改革。规定重新确定了国内货物税和交通税的税额，并且在其中考虑到了社会福利方面的问题。例如，在废除了粮食税的同时，对啤酒、烈酒、肉类以及必须进口的奢侈品提高了税收。同年，所有间接税的征收都被委托给了由法国公职人员组成的所谓"管理局"，它由同样是法国人的拉艾·德·洛奈领导，在不经由总局及其下属粮食管理部门之手的情况下进行税务征收。在一个有序且被证明行之有效的管理系统中，这些措施不仅导致混乱和失信，还使臣民和专制权威之间逐渐疏远，这种疏远同时影响了"老弗里茨"①的形象和洞察力。虽然腓特烈对以理论为基础的经济计划不以为意，但他似乎还是从父亲的示范、众多极其有能力的工作人员所做的准备工作以及他们所具备的专业知识中，习得了大量具体的相关知识。例如，早在1762年4月同俄国和瑞典签订和平协

---

① 普鲁士的臣民对腓特烈的称呼。

议时，他就委任总理事务府财政委员会的枢密大臣弗朗茨·巴尔塔扎·舍恩贝格·冯·布伦肯霍夫制定和实施重建计划。布伦肯霍夫被视为杰出的农场主，在七年战争期间因为供应了大量粮食和筹集马匹而获得功绩。布伦肯霍夫接到的指令深刻反映了腓特烈想要借助重建计划达到的目的。他被命令对所有遭受最严重打击的省份进行考察，并将所得到的印象和所作的调查写成报告。同时，按照具体命令，他还要统计这些地方所遭受的损失和破坏程度，并向国王提出建议，应该如何在现有的可能性范围内给这些地区的居民提供帮助。腓特烈想要的是具体的统计清单，"借此了解该如何不加区别地为各机构部门及贵族依次提供持续帮助，暂时使他们重新站起来"。

指令的结果是，腓特烈通过相应的调查统计数据掌握了人口损失情况、被摧毁的家园数量、粮食和种子的存量以及牲畜损失的数量。结合剩余物资的存量和损失的情况，腓特烈还将旨在全面改善农民法律地位的计划纳入考虑范围。他这样描述自己的愿望："在目前的状况下，臣民的人身依附关系应该在所有地方被完全地取消和废除"，目前"不恰当的劳役制度应该得到调整，借此让臣民能够合理地处置自己的经济事务"。

这些愿景想要达到的影响是空前的。这符合腓特烈在他的《政治遗嘱》中表达的态度。他在1768年的讲话中说道，农民构成了"国家中一个庞大的阶层"。"他们承受压力、他们付出辛劳，而荣誉却属于其他人。"但在当时固态化的社会关系中，毫无疑问，这种激进的改革只能在有限的范围内得到实施。改革中存在的问题在后革命时期的环境下才得以解决。虽然在1777年写的随笔《统治模式》中腓特烈再次强调，"在所有的生存方式中"，土地依附和人身依附"是最不幸的"——"没有什么比这些更能激起人们的愤怒了！"但在同一篇文章中他又不得不承认，取消农民的徭役会"让农业受到彻底的震动"，因为国家将不得不补偿贵族的收入损失。另外，这种政策干预一定会在农业生产中引发严重的衰退现象。而这在腓特烈急切想要实施计划和采取行动的情况下，是无论如何要避免的，所以他一定也是出于团结贵族阶层的考虑，放弃了对农业生产制度进行深入改革的计划。腓特烈在尝试改善农民的社会地位，同时不损害贵族领主土地所有制的物质和法律基础时，碰到了他的权力边界，显然他在其他任何地方都没有遇到过这种情况。对启蒙人文主义的基本假设的洞察遭到了这一认识的反对：在贵族借助不可更改的社会结构占据着特权地位的情况下，人文主义原则的实行必定会导致国家和经济秩序的崩溃。

然而尽管如此，为了突出农村地区重建工作的重要性，腓特烈命令王家森林为村庄的重建无偿提供建筑用材。此外他还提出了一些其他要求，例如改良绵羊的饲养方式和羊毛加工方式、在各种土地上进行造林和种植、引入新的植物栽培方式。他完全按照重商主义经济理念的要求，尝试推动"熟练工人"和手工业者的引进。此外，到1764年末，他放弃了追缴仍在拖欠的捐税和租金，并且同意为大量农民显著减轻捐税。

由此看来，普鲁士的重建计划体现出的理念与那个时代的经济学说相一致，也就是说，国家重建的工作内容应该包括：全面推动贸易和手工业的发展，向人烟稀少地区迁移人口并改良土壤，对所有地区进行垦殖和开发，以及争取实现贸易顺差。所有这些措施都在上级的监督和保护下实施。当然这一过程一直伴随着腓特烈的鼓舞和威慑。从所有他委托布伦肯霍夫执行的命令中，尤其是从他在考察旅行中，如同他的父亲一样，接受有关国家领地状况的汇报时所表现出的无情态度中，可以明显看出，腓特烈就是国家的化身，他对国家的管理深入到细枝末节，并且尽可能地对一切事情进行监督。

荷兰和英国早已存在拥有自主意识、资本雄厚，并且将眼光投向世界的资产阶级，而普鲁士不同，一切事情都取决于国王是否有意推动或避免发生。毫无疑问，这是效仿路易十四统治下的法国在整个欧洲大陆实行的、准确来说被称为"专制主义"统治制度的一个严重缺点。而这种君主统治形式的不容置疑的优点依赖于统治者必须充满真正的职业道德感和责任意识，掌握广博的知识。恰恰也是腓特烈在战后给其继承者和其意志的执行者发布的指示，表明了他所掌握的丰富知识和经验已具体到水果种植、绵羊饲养以及其他许多领域，因此他能够非常明确地描述他的指令所要达到的目标。他了解他所治理的国家的每个角落，他知道哪些土地可以耕作，也知道房屋建造的要求，他通过自己的直接经验了解了战争给这个国家带来了怎样的贫困。腓特烈以特有的方式融入了一家之长的角色，而这种独特的行为方式又受到了父亲的性格和统治理念的影响，他一再说到他对父亲不知疲倦的工作作风充满钦佩和尊敬。

一份重建工作的中期结算表可以证明，到1763年5月已筹集了大量款项，用于重新置办马匹、牛羊和粮食。另一个问题是，在所有遭受战争打击的地区，贵族地产背负了巨额债务，虽然国王给予了这些贵族"慷慨资助"，但想要偿还这些债务还需要很长时间。为了使这些债务能够偿清，在七年战争中有许多省都设立了"借贷集团"，这些集团在之后接手了重建工作，虽然它们受到了国王的资助，但也动用了自己筹措的资金。只有那些因向法国占领军缴纳军税而产生的高额债务需要由各等级代表会议自己筹措资金偿还。借助邦议会中享有特权等级的代表设立的借贷机构，旧形式的等级代表会议又重新运转起来，只是它们已不再像以往那样拥有政治影响的可能性，而只是在上级行动中承担经济职能。

看到已取得的成绩，腓特烈感到了满足和自豪。1766年10月24日他在给伏尔泰的信中就自信地列举了在西里西亚、波美拉尼亚和诺伊马克重建的农场数量——伏尔泰恰恰是那些对腓特烈不顾后果的战争政策提出尖锐批评的人中的一个。对他的批评中也许包含了启蒙运动者对他在信仰与军事行动之间的矛盾做法的不满。按照腓特烈的生活理念，他想要成为一个和平的诸侯，想要在实际行动中表现得像一个由理性和博爱引导的施善者。而现在，在已无法否认他对战争带来的不幸负有责任之后，他还是尽量把自己统治意志中人道主义的一面显示出来。尽管精疲力竭，腓特烈仍以不懈的，甚至是惊人的努力让整个君主国得以继续存在下去。他在战争中所做的一切致使国家遭受灾难和贫困的事情，全都与经济发展的逻辑相违背。然而即使是现在，在自上而下的重建工作中，他仍然以一种无情的方式过度利用着他领地上的资源。

对于整个重建工作的花费只能给出大约的数字。按照腓特烈自己的计算，物质资助的总量足足有两千万帝国塔勒。此外，根据1775年布伦肯霍夫向国王所作的报告，在腓特烈统治下各省的人口数量有了显著的增加。因此可以肯定的是，尽管经济危机在七年战争的末期也波及了普鲁士的重要贸易伙伴，而且存在大量粮食歉收、畜疫和水灾的情况，普鲁士还是得以在短得惊人的时间内消除了战争带来的损害。此外，腓特烈在现有社会制度的框架内，建立了一种按照国家调控经济的设想得以重新实现的社会状态，也就是说，腓特烈不是要开创一个新的时代，而是为了能够在经济和军事上作好准备，以应对所有外交政策的挑战，而制定一种巩固国家实力的政策。这意味着要同时具备坚定性与前瞻性。但自三十三年前占领西里西亚以来,这一切就已不可避免地被列入议程安排。就此而言,腓特烈的重建工作不是一个新的开始,而是对1740年以来要求动员所有力量的政策的合理发展。

第七章

又一次大国政治纷争：
波兰第一次被瓜分

主要由于围绕沙皇宝座的纷争，欧洲大陆的权力体系又出现了新的局面。然而在这里具有决定性意义的仍然是七年战争中主要对手之间的竞争。这种对抗性在和平协议签订后继续存在，并且由于各国相互间的排斥政策而演变成持续的关税与贸易战。当然在这中间，西里西亚问题的修正也不可能被搁置一旁。事实上，在各种纷争中，这一问题仍然是奥地利皇室在其权力政治考量中优先考虑的方面。例如，考尼茨在1768年末就制定计划，要设法借助旨在解决波兰和巴尔干问题的更大计划，让这个终被视为奥地利不可缺少的省回归。考尼茨想到的计划是，支持腓特烈吞并瓦尔米兰和西普鲁士，条件是放弃对西里西亚的占领。考尼茨的目的是用不破坏传统外交原则的方式，要求归还被夺去的土地，同时试着通过补偿，将普鲁士这个在强权体系内已无法被忽视的竞争对手，排挤到中东欧地区。

　　1782年，在俄国重新与奥地利联合，结成考尼茨所说的"天然联盟"后,这位奥地利首相考虑,如果普鲁士反对奥俄在巴尔干地区的扩张计划,两国皇室就要对其采取军事行动。考尼茨劝诫结盟双方在这种情况下应该先将他们的东方计划搁置一旁,并商定好对腓特烈采取打击行动,在奥地利没有夺回西里西亚之前,不同意和谈。两年之后,考尼茨又一次强调,人们在重建旧权力体系的过程中又前进了一大段距离,并且现在俄国也认识到,有必要抓住第一次送上门来的好机会,清除掉普鲁士国王的影响及重要性。这种激烈的言论像是一个脾气暴躁、短时间内一次次推翻自己计划的人所说的。但无论如何,奥地利想要夺回西里西亚的愿望在第三次西里西亚战争结束后仍然一直存在着。

在腓特烈始终所处的危险局势中,暂时出现了一次外交上的成功。1764年4月11日,普鲁士与俄国签订同盟协议,由此普鲁士获得了权力政治中的靠山。与俄国这个极其强大且危险的对手结盟具有非常重要的意义。只有这样,腓特烈才得以不受干扰并全力以赴地推进普鲁士君主国内部的实力巩固。虽然从根本上来说,他仍然不信任且蔑视这个沙皇帝国,但他还是决定抛开所有顾虑,为扩展自己在权力政治中的活动空间而做那些无法回避的事情。他在1776年还宣称,"在那些可能会给国家造成最严重打击的邻国中寻找联盟者"是治国艺术的基本原理。他之所以作出大的妥协,主要是考虑到波兰的局势、那里即将举行的国王选举,以及俄国在中东欧地区普遍且长期谋求的对外控制的企图。因此他再次强调,如果没有这些好处,与俄国的同盟协议是不可能缔结的。他在一篇文章中写道,我们需要"持久的和平,以弥补上次战争造成的不幸"。而且按照他的观点,除了和俄国结盟,没有任何其他方式能够帮助实现这个目标。

由于将行动重点都放在了同俄国的结盟上,腓特烈陷入了两难境地。只有通过重新调整中东欧地区的整个权力格局,他才能够摆脱这一处境。他坚信,只有"强大的邻国"就如何瓜分波兰达成了一致意见,这个国家才能够结束动荡。此时沙皇的帝国在巴尔干地区也展开了强大的扩张攻势,这导致普鲁士和奥地利相互靠拢。在冲突逐渐激烈的局面下,腓特烈一方面试着不让自己在任何情况下被孤立,因此仍然极其忠实地遵守着作为沙皇帝国盟友的义务;另一方面,他又借助外交渠道派人探查,是否能够通过将奥地利纳入瓜分波兰的计划,来应对叶卡捷琳娜给他带来的压力。1772年8月5日,尽管皇后玛丽娅·特蕾莎表示抗议,维也纳和圣彼得堡还是签订了协议。这导致奥地利也被拉入围绕波兰形成的分裂势力的圈子。由此,在没有告知和协商的情况下,"三只黑鹰"就达成一致。贵族共和国波兰失去领土完整性,不得不接受三个大国慎重考虑后对其领土的任意瓜分。

俄国占领了利夫兰和白罗塞尼亚,所获面积最大。奥地利吞并了小波兰、红罗塞尼亚、沃里尼亚和波多里亚的领土,由于这些区域土地肥沃、人口密集,所以也收获颇丰。这些被并入哈布斯堡王朝的领土后来上升到王国等级，被命名为"加利西亚和洛多梅里亚王国"。普鲁士最终得到了波属普鲁士、瓦尔米兰和大波兰的北部地区。虽然普鲁士占领的面积最小，但其所获领土以最理想的方式将霍亨索伦君主国的土地连为一体，由此勃兰登堡王朝的中心地区得到了极大的稳固。普鲁士所占领的这些区域的五分之二从中世纪晚期开始就是德意志人居住的地方，因此与其他两个大国占领的地区相比，它们融入普鲁士的难度要小得多。而同时，普鲁士占领这些土地后，也在大国体系框架内获得了名誉上的巨大收益。因为在经过了几个世纪的激烈争执后，普鲁士终于摆脱了对波兰王位的依赖性，这在普鲁士与波兰签订的《王位让予协定》中得到了详细的确认。现在，在同其竞争对手的外交往来中，可以自信地以名正言顺的"普鲁士国王"（König von Preußen）的头衔进行谈判了，而且这一头衔比起之前，更多的是涉及一位主权统治者的法律地位。几代人追寻的霍亨索伦家族的王朝大业就这样实现了。

对这个在旧制度时期也难以置信的既成事实，欧洲社会不仅表达了惊讶，在许多地方人们甚至对此感到愤怒。然而，其他大国并没有对这个没有流血，因此还广受赞扬的瓜分协议提出抗议或采取应对措施。至于普鲁士国王腓特烈，除了进行无情的扩张外，可能无法再对他有其他的期待。但现在奥地利不顾皇后的反对，也同强大的俄国坐上了一条船。在当时的政治辩论、书籍报刊以及之后的历史编纂中，人们在对这次明显违法的行动进行道德评价时总是争论不断。因为，尽管"瓜分精神"向来是大国政治达成妥协所利用的手段，但这次瓜分是一场专断且不正当的行动。诚然，在18世纪，除了大国本身持续存在的、潜藏的对扩张和兼并的渴望之外，还有很多其他具体的、有时甚至是合法的理由，促使它们插手其他国家的内部事务。通常来说，或多或少有效的王朝继承要求起着决定性的作用。然而在瓜分波兰的事件中，不存在王朝继承的问题。相反，宗教狂热主义和冲突各方的过度暴力在波兰各地引起了反感和恐惧。此外，波兰的王位拥有者也没有能力控制国内的混乱状态和流血冲突。当然，对于三个瓜分势力来说，人道主义救助的目标和波兰国内局势的稳定是不重要的，重要的只是，在尽可能不发生冲突的情况下让权力政治的僵局稳定下来，而为此付出的代价需要有一个局外者来承担，那就是波兰。

然而，尽管行动是在融洽和不流血的情况下进行的，但对于大国政治来说，一切都处在不断变化中。三个瓜分国中没有一个对达成的结果感到满意，在竞争始终存在、相互猜疑始终不停的局势下，没有一个能够感到满足。此外，两个德意志大国之间的冲突完全没有解决，冲突的爆发最多是被拖延了。因为双方通过牺牲波兰而获得的补偿中，没有包括西里西亚问题的解决。

第八章

皇帝、帝国和诸侯联盟

波兰危机还在不断升级时，腓特烈就谋划着要尽可能和奥地利也达成妥协。鉴于俄国在中东欧地区给普鲁士权力政治的前沿阵地施加的巨大压力，腓特烈必须彻底弄清楚是否有可能向皇室靠拢。在此期间晋升为亲王的奥地利首相考尼茨向来被腓特烈视为无法达成和解且始终想要扭转局势的对手。但毕竟，他和普鲁士合作参与了瓜分波兰的行动，尽管这次行动不可否认地提升了他的对手在大国协调中的地位。经过前期的外交斡旋后——皇后玛丽娅·特蕾莎参与了整个过程，并对此提出了激烈批评——皇帝约瑟夫二世和腓特烈在1769年8月进行了会面。地点没有选在其中一国的首都，而是在西里西亚的土地上。两人在尼斯宫相见时，没有举行国家元首间会面时通常会有的隆重仪式。两个君主在近四天的时间里，就大量的政治和军事议题进行了讨论，虽然两人谈论的内容以及对话的气氛都通过双方所做的会议记录和笔记，以令人惊奇的详细程度流传了下来，但会谈的进行过程是完全保密的。两人甚至

阿道夫·门策尔作品：《1769年腓特烈大王与约瑟夫二世皇帝的尼斯会面》

谈到了私人的事情。例如，腓特烈在对以往的经历作了片刻思考后，毫不避讳地坦承他在年轻时雄心壮志，但他同时发誓要避免这种冲动的行为。他还说，他有超出当时情况所需要的不道义的企图心，对此人们常常不无道理地批评他。约瑟夫记录道，面对这些自白，他沉默不语。

谈话过程中，两人不断地保证，他们非常希望未来在和睦的气氛中往来，并且会努力实现真正的和解。就在几年前还没有人相信这两个敌对的王朝会进行会面，各国的人都将这次会面视为具有极其深远意义的事件。事实上，这次在尼斯进行的谈判结束后，两国间展开了一系列深入的外交接触，在俄国的扩张行动不断给两国造成压力的背景下，这些外交活动可以被视为促使波兰第一次被瓜分的直接前提条件。两人约定下一次的会晤时间在1770年9月初，这次会晤的地点也没有选在首都，而是选在了奥地利境内的城市乌尼乔夫，一座靠近边境的小城，没有任何可以举办符合统治者身份的轰动事件的条件。

会晤的整个过程和谈话内容又一次被非常详细地记录下来。据记载，腓特烈在餐宴开始之前与约瑟夫进行了会面，接着和坐在他左边的考尼茨享用了丰盛的美食，其间两人闲聊了一些琐事。第二天在小范围内开始了好几个小时的严肃会谈。会谈的内容涉及重要的政策，特别是有关为稳定整个权力体系而促使俄国和奥斯曼帝国缔结和平协议的计划。在对俄国及其持续的扩张政策进行评价时，双方的意见完全一致，然而腓特烈在与圣彼得堡联盟这件事上非常坚持。就这样，在乌尼乔夫进行的协商在和睦的气氛中结束了，然而双方没有明显地向彼此走近，至少没有在两国从1740年开始就不断郁积的矛盾以及由此产生的竞争问题上取得协商结果。

随着维特尔斯巴赫家族继承问题的出现，奥地利与普鲁士的关系掀开了一个新的篇章。1777年12月30日，巴伐利亚选帝侯马克西米利安三世·约瑟夫去世，没有留下任何子嗣。因此巴伐利亚族系已没有人能够继承选帝侯头衔。于是，一种历史悠久的、自中世纪晚期起就在整个家族的不同支系中间形成的王位继承规则开始生效。它为拒绝其他王朝提出王位继承的要求提供了依据。基于皇帝的第二次结婚对象是一位维特尔斯巴赫家族的女性，皇室越来越肆无忌惮地相信其有权提出继承巴伐利亚。如果获得了这块同其众多世袭领地交界的神圣罗马帝国的领土，那么哈布斯堡家族不仅在神圣罗马帝国内，而且在大国协调中的地位都将显著提高，并且还可能夺回暂时被占领的西里西亚地区。选帝侯马克西米利安三世·约瑟夫死后，按照规则先是普法尔茨选帝侯卡尔·特奥多尔继承巴伐利亚。但因为该领土财产由极为不同的区域任意组成，将巴伐利亚和佛兰德斯进行交换的想法应运而生，也即放弃巴伐利亚的旧领土，成立一个在布鲁塞尔、杜塞尔多夫和曼海姆设有官邸的勃艮第王国。然而在与皇室协商相关事宜之前，约瑟夫二世皇帝已不顾皇后玛丽娅·特蕾莎的强烈反对，派军队进入下巴伐利亚和上普法尔茨地区，以便在任何情况下都握有获得遗产的筹码。

然而要达成领土割让协议，还必须获得维特尔斯巴赫家族另一位帝国亲王、来自普法尔茨-茨韦布吕肯的公爵卡尔·奥古斯特的同意。然而卡尔公爵拒绝了这个计划好的领土交换协议，并且请求普鲁士国王采取外交干预措施。接着，柏林和维也纳的宫廷之间展开了数周的争论，虽然皇后本人非常勇敢地介入其中，但仍没能让双方相互妥协。这样，双方的关系发展又走向了新的冲突。腓特烈给皇室下了最后通牒，要求其公开奥地利对继承的要求。在得到来自维也纳躲躲闪闪的回答后，他向皇室宣战，接着发起了军事行动。此外,他还成功将老对手萨克森拉到了自己一边。这就保证了军队可以从西里西亚和萨克森两个方向挺进波希米亚。途中,腓特烈在波希米亚北部崎岖难行的森林地带碰上了掩护得很好的敌军,后者挡住了腓特烈向未设防的波希米亚腹地的进军。僵持局面持续了数周,腓特烈决定让指挥普鲁士-萨克森联军的海因里希亲王向奥地利的防线发起总攻。在取得了初期的战果后,由于害怕后方的联系被切断,联军没有继续向布拉格发动决定性的进攻。相反,海因里希亲王在1778年9月24日就决定撤退到萨克森的领土。

然而,腓特烈还是作了最后的尝试,想要逼迫奥地利人战斗。在这几周气氛极其消沉的日子里,腓特烈只是缓慢前行,他很难忍受激烈的运动,也听不进建议和反驳意见。因此军事行动进展得十分迟缓。奥军的侦察队和分遣队在有低矮山丘穿过的山麓地带发现了可以实施突袭和进行较小型战斗的理想条件,这使得腓特烈的联军一直处于射程之内。此外,8月31日又开始了寒冷的多雨天气,山脊和山坡上到处都被冰雪覆盖。这带来的后果是,痢疾在士兵中间传播开来,连续夺走了数万人的生命。在这种状况下,1778年9月8日腓特烈带着绝望和懊恼的心情放弃了位于易北河上游的营垒,开始沿通向卡缅纳古拉的山路向西里西亚撤退。值得注意的是,在这场损失巨大且大降士气的战役中,虽然交战双方投入了强大的兵力,但无论从政治方面还是道德方面来看,双方一开始的动力都非常小。

无论是战争目标还是政治意图都缺少足够的说服力，使双方释放出决定战争走向的能量。事实上，在这种特殊的状况中，导致战争发生的并不是实际当事者普法尔茨选帝侯国，而主要是站在两边的两个竞争对手，它们想要不惜一切代价阻止对方获得他国领土。此外，事实也表明，双方军队的指挥官——从腓特烈到他的弟弟海因里希亲王再到皇室的军队司令劳顿和莱西——都年事已高且太谨慎，不愿意再冒很大的风险。尤其是腓特烈由于身体虚弱而变得拖延，失去了以往作为军队指挥官令人倾倒的勇敢精神和令人折服的说服力。最后他从战场上的统帅变成了一个像胜利者般会冷静权衡自己潜在力量的现实政治家。这样说是因为，他用一场防御战迫使神圣罗马帝国皇帝作出了让步，让皇帝强烈的扩张渴望在自己的王朝中饱受争议。

1779年5月13日在摩拉维亚的泰申缔结的和平条约规定了巴伐利亚领土的完整性应得到完全恢复，此外还宣布立即授予普法尔茨选帝侯继承巴伐利亚维特尔斯巴赫家族遗产的权利。为了不再进一步损害皇室由于和平条约的签订而负担沉重的名誉，奥地利只保留了有八万人居住的因河地区。作为回报，普鲁士对继承安斯巴赫-拜罗伊特边境总督身份的要求得到了国际承认。这种安排是在法国和俄国的协调下实现的。这两个大国由此承担了协助处理帝国事务和维持力量平衡的义务。法国从《威斯特伐利亚和约》签订后，就承担了维持德意志内部现状的角色，并且运用娴熟的外交手腕在1756年重新结盟前不断地与帝国皇室的影响力进行对抗。但现在俄国作为普鲁士的盟友，坚决要求在帝国事务中发出自己的声音，从而最终迫使之前受《威斯特伐利亚和约》担保的瑞典居于次要地位。普鲁士和奥地利的利益显然在于，使双方被证明是毫无意义的实力较量国际化，并将其与帝国利益的维护联系起来。

就这样，这场受到各方否定的被称为"土豆战争"的冲突结束了。对于18世纪的权力政治来说，这次冲突导致的结果是矛盾的：两个实力升级的对手之间的潜在竞争，没有像波兰事件那样导致一个实力弱小的第三方国家被瓜分，而是导致了一个根本没有参与战斗的国家的恢复。这次在时人看来也不同寻常的战争让人觉得矛盾的另一个原因是，在波兰被吞并的过程中没有发生任何流血事件，而在巴伐利亚王位继承战中，虽然最终领土发生的变化微乎其微，但战争造成的损失却不成比例地大。普鲁士和奥地利这两个几十年以来相互对立的竞争对手之间的第四次战争结束了，之所以可以说普鲁士最终还是获得了成功的原因是，其放弃了所有领土上的收益，这符合其最初的战争目标。相反，维也纳宫廷由于政策的内在矛盾性，否认了其在大国协调中的地位，同时在帝国政策上变得不可预测。

然而，现在腓特烈在对外政策上陷入了防御状态。因为其间奥地利开始在外交上坚决一致地采取重新向俄国靠拢的政策。起初，巴尔干地区严峻的局势引起的对抗和猜疑阻碍着此政策的实施。然而，在皇后玛丽娅·特蕾莎去世那一年，约瑟夫二世和女沙皇叶卡捷琳娜在白俄罗斯的莫吉廖夫举行了会晤，此后所有的顾虑都不再重要。此处可以忽略这两个大国的计划；它们从一开始就没有坚实的基础。皇帝的目标是把始终被视为真正对手的腓特烈赶出大国竞争的范围，并使其孤立。虽然普俄的联盟关系暂时还不能被触动，但俄国外交大臣帕宁被剥夺权力的事件清楚表明，奥地利与俄国联盟的政策逐渐有了眉目。

然而大国关系再一次活跃起来要到1783/1784年，那时约瑟夫二世再一次把同巴伐利亚交换领土这个始终未变的想法搬了出来。和1777年一样，要想这个计划得到在此期间已成为普法尔茨－巴伐利亚选帝侯的卡尔·特奥多尔的同意，除非让他看到，如果用巴伐利亚换取奥属尼德兰，就有希望在帝国中获得等级的提升，这是维特尔斯巴赫家族以韦廷王朝和霍亨索伦王朝为榜样，一直想要努力达到的。然而这一次，有可能继承维特尔斯巴赫王朝所有财产的普法尔茨－茨韦布吕肯公爵卡尔·奥古斯特还是拒绝了这个提议。卡尔·奥古斯特再次反对哈布斯堡－巴伐利亚这一交换计划之所以不能说是一件小事，是因为在这个事件中存在法国和俄国等大国的干涉。而这在帝国内部也引起了激烈的讨论，如怎样抵制皇帝的帝国政策，以及该如何在帝国内形成第三方力量。然而，直到1785年普鲁士利用外交手段促使汉诺威、萨克森与自己以正式协约的形式组成三大选帝侯联盟，帝国宪法才开始重新修订。三国联盟应该——像它声称的那样——起到维护帝国宪法的作用，但在普鲁士看来，组建联盟主要是出于阻止皇室获得巴伐利亚，以及在帝国内的各种权力政治的较量中保持和维护平衡的考虑。

在1780年代初参与了诸侯联盟组建计划的帝国各等级都被要求加入这个联盟。这样，从整个帝国疆域内各地而来的小诸侯，以普鲁士、汉诺威和萨克森为中心聚集在了一起。让整个帝国民众感到惊讶的是，1785年10月18日美因茨大主教兼神圣罗马帝国首席大臣弗里德里希·卡尔·冯·埃尔塔尔——他在信仰天主教的帝国诸侯中最有权威——也加入其中。他的加入也消除了该联盟中的诸侯都属于同一种宗教派别的嫌疑。同年10月4日，普法尔茨-茨韦布吕肯公爵卡尔·奥古斯特也加入了，并向自己和他的后裔保证，绝不会同意交换维特尔斯巴赫王朝的领土。组建诸侯联盟的目标就此实现了，约瑟夫二世推动的土地交换行动也因违背帝国法律而遭到了谴责。

在普鲁士带领组建诸侯联盟的过程中，爱国主义的热情发挥了引人注目的作用。虽然组建过程产生了相关的协议，而且与英国和荷兰在1788年结成的三国联盟给普鲁士提供了强有力的政治支持——为此腓特烈感到自己不得不屈从于帝国，但由于大国之间始终存在的二元结构，在腓特烈大王于1786年去世后，历史的发展没有朝着诸侯联盟的设想继续发展。让普鲁士和奥地利这两个德意志大国联合起来的《赖兴巴赫协议》（1790年7月27日）——该协议是在给各国制度带来威胁的法国大革命的影响下签订的——最终确定了德意志诸侯联盟的命运。

腓特烈借助帝国内部的联盟摆脱了永恒反对者和纷乱制造者的角色，成了融合的促成者和帝国宪法的担保者。在此期间，由于对皇室未曾中断过的不信任感，他继续对其实施封锁政策，只是现在这种政策披上了"帝国法律合法性的外衣"（福尔克尔·普雷斯语）。1740年后，在帝国内部的二元对立变得越发尖锐的局面下形成的竞赛规则，为腓特烈这个"皇帝反抗者"——后来的研究如此称呼——创造了比帝国皇帝更大的优势。因此，他得以在没有被较低等级的民众强烈要求承担革新帝国宪法义务的情况下，动员整个帝国对抗他的对手——行动仓促粗暴的皇帝约瑟夫二世。

第九章

腓特烈的晚年：疾病、死亡与葬礼

伏尔泰于1778年5月30日去世后,达朗贝尔取代他的位置,成了腓特烈在生命最后几年的笔友。腓特烈也常常向他倾诉一些私人的和有关健康的事情。他还常常向他的弟弟海因里希亲王请教有关王位继承的问题,告诉他,虽然自己的痛风常常发作,有时症状会持续很长时间,但他不怎么觉得不舒服,只是感觉有些虚弱。他的病情在1785年12月开始恶化。同年1月18日,也即海因里希亲王生日那天,他还参加了在柏林宫举行的传统宴会。宴会上,人们分成两桌进餐;其中一个宴席的主持人是已经日薄西山、费力地把腰直起的国王腓特烈,另一个的主持人是寿星海因里希亲王,他比他的哥哥多活了十六年,其间没能获得他希望得到的对国务的影响力。在这个每年都将整个家族聚在一起的节日里,腓特烈最后一次见到他的妻子。此外他现在又患上了严重的哮喘以及已经非常危险的水肿——一种新陈代谢方面的疾病,会导致让人痛苦的呼吸困难以及双腿的肿胀。

现在他还能容忍待在他身边的人变得越来越少，最后只剩下房间里的两个仆人以及偶尔来的访客，他们包括被认为是文学权威的利涅亲王、吉罗拉莫·卢契西尼侯爵，还有格尔茨伯爵（作为国务大臣、将军和外交官，他是少数受腓特烈信任的人之一），腓特烈现在还会和这些人讨论一些重大的政治话题。在他生命的最后五周里，普鲁士对外事务部的负责人赫茨贝格伯爵也在他的身边。但他已不愿意再看到他的任何亲属，甚至连海因里希亲王和王储也不愿再看到。他的身边已没有守卫、朝臣和副官，这样当他的双腿变得更加肿胀时，他就可以逃避其他人像是僵住的目光。最终他因为呼吸困难已无法躺在床上，而是坐在无忧宫一个房间的扶手椅里度过白天和黑夜，今天人们还能在无忧宫他去世的房间里看到这张椅子。

他在晚年还与他那个时代的一些重要人物进行了会面，其中最重要的是他与奥诺雷·加百列·米拉波伯爵的两次谈话。之所以说这两次对话的成果显著且给腓特烈的形象打上了持久的烙印，是因为它们促成了之后对这位普鲁士国王四十六年统治生涯的第一次全面总结。米拉波和通晓财政的军官雅各布·毛维伦——一个逃亡到普鲁士的胡格诺教徒的儿子——一起总结了腓特烈一生的功绩，并在腓特烈死后将之以《腓特烈大王时期的普鲁士君主制度》（第七卷，伦敦1788年）的题目发表。米拉波为躲避一系列丑闻和不断的诉讼离开法国，但被法国内阁赋予了秘密使命。他要在普鲁士即将进行王位更迭的时候，尽可能详细地向法国报告那里的内部情况。没有流传资料显示，腓特烈在他的这位客人鼓动人们加入法国大革命的行为中了解到了什么。但两人在会面中似乎对彼此都有好感，并且两人之间的对话也是完全坦诚的。虽然身体非常不适，但腓特烈懂得怎样保持机敏的回答和惊人的理解力。他个人的说服力和亲切的态度给所有在轻松的气氛中见到他的人都留下了深刻印象。例如，卢契西尼就不断在信中称赞，尽管国王变老了，但仍散发着很强的个人魅力，并且还是那么宽容和仁慈。其他一些见证者在描述他最后几十年的时光时也说道，他没有失去他的才华，当人们俯身倾听他说话时，仍能被他的魅力以及伶俐且有说服力的口才所折服。

当然他有时也会非常尖刻，发起脾气时也让人受不了，而且无疑这种状况在不断增加。就连一些对他完全恭顺的身边人——如他生命最后一年的御医约翰·格奥尔格·齐默尔曼，欧洲大陆的著名人士，腓特烈曾在文章中称赞过他的功绩——同他推心置腹地交谈后，都发出叹息："这个可怕的国王！"腓特烈从他年轻时起，特别是在和父亲打交道时，就擅长进行无情的讽刺，并且习惯于用话语伤害别人的感情。虽然他从朋友和敌人的书面表达中了解了自己的讥讽话语和恶意评论多么伤人，但他没法放弃这样做。这种倔强和怀疑的性格成了他的另一种天性。

尽管腓特烈厌恶仪式和礼节，但他生活中的许多事情都有严格的规定。例如，每年从元旦到他生日之前（1月24日）的几周时间他都要在柏林城市宫中度过，对于不得不在那里忍受家族和宫廷举办的各种假面舞会和化装舞会一事，他感到不满。在柏林或在蒙比欧宫、美丽堡、奥拉宁堡、莱因斯贝格、弗里德里希斯费尔德和贝尔维这些王子和公主的府邸里举行的这类社交活动通常都是非常宏大、隆重和轻松的，但在新年的这段时间，柏林城市宫却一片死气沉沉。因为只要有多病且易怒的国王在场，"畏惧和冷漠"的气氛就会在他周围散播。有时他出现时人们还会因为害怕他发怒而不敢接近他。即便在这些社交活动中，他也会回避、拒绝或有计划地取消宫廷中流行的娱乐活动。在履行完他认为自己应该尊重的宫廷礼节后，他就前往波茨坦，在那里的城市宫中度过冬天的日子。此外，他的固定安排还有军队检阅以及对来自周围驻防地的军团的总检阅。这些活动会持续数天地在柏林的蒂尔加滕和夏洛腾堡附近的练兵场上举行。紧接着还会在波美拉尼亚、马德堡和西里西亚举行相应的军事演习。最终在9月20日和之后的几天里会在波茨坦举行大规模的秋季演习，在此期间，腓特烈会在新宫为全体司令员举办官方宴会。

　　腓特烈每天的安排也有严格规定。清晨起床后——夏季四点钟，冬季五点钟——他会处理一些行政事务，午餐（通常非常丰盛）之前他会和一个随从出去骑马散步。可怕的是，腓特烈会在午餐的餐桌上无休止地长篇大论，常常在客人因拘束或感到害怕而陷入沉默，甚至昏昏欲睡后——像他和约瑟夫二世在尼斯进行会面时的情况一样——仍然不停地一个人说。不过国王这些极其任性和让人腻烦的餐桌礼仪，在一定程度上也给这些盛宴的单调性赋予了一些娱乐价值。到了下午晚些时候，腓特烈还会抽出一些闲暇时间继续他对历史和治国理论的反思，从来没有间断过。因为直到生命的最后几年，他仍然在努力思考，并勤奋地写作。他的写作成果非常丰富，包括1768年完成的第二篇同样内容宽泛的《政治遗嘱》、《我的时代的历史》的续篇以及众多军事指导文章。所有这些都必须被看作是腓特烈留给王位继承者的遗嘱。特别是军事指导，它们起到了告诫的作用。与他自己的作战方式相反，他告诫军队统帅不要再依赖自己瞬间的直觉或个人的超凡能力，而是要努力将每一个战争操作和作战技巧变为确定的、越来越固化的准则：旧制度！腓特烈显然已经对自己出自本能的决断能力和军队官员的雄心壮志失去了所有信任，因此才会认为必须为每一个战术上的变量规定一个唯一适用的解决办法。即使在这些军事指导中，也可以看到平时腓特烈在军队演习、现场视察和阅兵式中不容置疑的严格性，这让行动的参与者感到害怕。

所有这一切都不得不被看成是一种退化，是腓特烈以往引以为傲的自信心的丧失。原因也许是他对普鲁士在大国体系中的地位还不够稳定的担忧，也可能是因为对王位继承者军事能力不足的忧虑，让国王觉得要好好给他做做指导。不管怎样，腓特烈的继承人在军事上的无能让军事发展陷入了瘫痪，而就在他刚获得摄政权时，普鲁士的军事潜能还在国王的亲自激发下继续活跃地向前发展。发展的停滞也致使二十年后普鲁士军队在耶拿和奥尔施泰特遭遇了灾难。腓特烈坚信，只有他有能力保证君主国的继续存在。并且因为他是作为预先计划好一切的独裁者而登上王位的，所以他认为必须事先做好预防措施，让普鲁士在他死后有能力维护自己领土的完整。

有关腓特烈在写作上的努力还必须说明的是，他即使上了年纪，也没有停止对他那个时代的国家和社会政治话语进行分析。例如，他在1770年前后还针对霍尔巴赫同年发表的、对统治政权进行彻底批评的著作《自然的体系》，撰写了一篇敏锐且上心的短评。在文章中他又一次使用了他治国理念中的全部理论武器，来驳斥书中对君主制度的否定观点，在他看来这种观点是草率且不尊重历史的。他认为君主制度是唯一经受过考验的政体形式。他于1770年7月发表《对〈论偏见〉的评价》，1777年发表一直受人推崇并富有远见的《论政府形式与君主职责》，他在两篇人生最后阶段的作品中也对君主制作了基本的、富有哲思的说明，并表达了对其的过高赞誉。

此外，他于1780年发表的文章《论德意志文学》也引起了很大关注。激励他撰写这篇论文的是他与他的妹妹不伦瑞克公爵夫人夏洛特和公主阿马莉的谈话，他们在1780年秋季探望了腓特烈。在午宴上他与这两位探望者就德意志文学展开了辩论。这促使他把自己从王储时期开始就不断思考的一个问题以较为随意的书信形式发表出来。这是他为数不多的几篇明确围绕大众话题展开讨论并引起重视的文章，在短时间内引发了如潮水一般的注解、批评和反驳。从腓特烈这篇具有挑战性的文章所引发的热烈思考和讨论可以看出，德意志文学的基础已经改变。

腓特烈在文章中的阐述让众多读者发现，他没有觉察到德意志文学中发生的新的、远超法国文学审美观的发展变化。例如，对该时期所有只能用"狂飙突进运动"这样的措辞来概括的文学流派及其相应的阐释，他都没有了解。就连莱辛这样与他有过多次交集的作家都没有在他的文学回顾中受到赏识，而席勒和歌德（歌德的《铁手骑士葛兹·冯·贝利欣根》除外）在文章中根本就没有提到。所有这些都表明，腓特烈没有注意到德意志文学发展的新曙光，因此他不理解在这几十年中，文学语言技巧，尤其是社会话语表述方面（《少年维特的烦恼》《阴谋与爱情》或《强盗》）发生了怎样的变化。毫无疑问，腓特烈一直对德意志文学怀有他在早期就形成的厌恶之情，并且一再坚持他以往的这种偏见。然而比他的这种几近于狭隘的固执偏见更重要的是，腓特烈撰写并匆忙发表这篇文章的目的究竟是什么。在一些书信中——尤其是写给伏尔泰和达朗贝尔的——腓特烈就已经一再对德意志文学相对于法国文学的落后状态表达不满，但同时他也非常确定，德意志文学的语言、风格和修辞有一天会像法国文学一样优秀。他说道，我们文学的美好日子还没有到来，但已经近在眼前了。

七年战争之后，在腓特烈的日程安排中已经很少再有官方晚宴。相反，他每天晚上都会沉浸在音乐之中。七年

阿道夫·门策尔作品：《长笛协奏曲》（1852年）

战争结束时，他失去了上门牙，因此已不能再吹奏长笛，此外也不得不放弃去剧院听歌剧，于是他派人找了一个小型乐队和一些独唱者——如有名的伊丽莎白·马拉——来为自己表演。宾客只有得到他明确的同意才能来观赏。他常常凭借独裁者的专断作风亲自挑选咏叹调和康塔塔的演唱者并负责确定全部的演奏曲目。这些曲目都是他从年轻时就很熟悉的，宽茨、本达和格劳恩兄弟的宫廷音乐对他的音乐品味产生了决定性的影响。此外他还会让人在晚上为他朗读他非常熟悉的古典时期和法国伟大时代的经典作品。

由于健康状况越来越糟糕，他决定在科腾尼乌斯和泽勒之外，延请瑞士人约翰·格奥尔格·冯·齐默尔曼作为他平时咨询的医生，而他事先并没有征求前两者的建议。齐默尔曼的医学能力享誉欧洲。1786年6月23日来到波茨坦后，他惊讶地得知国王除了近侍舍宁外，没有其他人陪在身边，并且他还在给自己治病。据所有流传下来的有关腓特烈生活作风的资料显示，他不顾医生的建议总是暴饮暴食，而按照18世纪的认识水平，这是导致他经常呕吐和肠胃绞痛的必然原因。根据齐默尔曼的描述，他头上戴一顶旧式的、有羽毛装饰的帽子，脚上穿着靴子，肿得可怕的双腿放在一张凳子上。他的面庞和双手消瘦干枯，发黄发白，毫无血色，让齐默尔曼觉得"这暗示了最糟糕的事情"。齐默尔曼清楚地知道腓特烈的健康状况到了怎样的地步，然而尽管善于辞令，他还是没能让国王放弃他的固执和不理性，说服他改变饮食习惯。最终齐默尔曼由于无法帮助他的病人，在短暂停留后离开了波茨坦。

8月16日早晨，腓特烈已经无法清楚地表达。剧烈的咳嗽偶尔被因无法呼吸而发出的咕噜声所打断，接着是更长时间的昏厥状态。近侍施特鲁茨基扶着坐在椅子里的国王，试着将这位不断瘫坐一团的老人扶直，以便他更容易呼吸。约凌晨两点传来了死亡的消息。之前一直和医生泽勒、格尔茨和什末林一起待在隔壁房间的赫茨贝格合上了这位已长眠的国王的双眼，并通知了王位继承人。人们没有按照国王的要求把他安葬在无忧宫的梯地上，而是按照继任者的命令葬在了波茨坦驻军教堂的地下墓室，他父亲的旁边。其间他的棺材曾经过长途漂泊被转移到霍亨索伦城堡，直到1991年8月17日才最终迁回到原来的地方。

腓特烈很早就把他的安葬之地选在了无忧宫东面的梯地上，1740年代他就开始让人铺设墓地，而那时宫殿的建设还没有完成。这也就是说，腓特烈的计划是将自己安葬在室外空地上，效仿一些实际存在或虚构的、有模糊记忆的墓地。毫无疑问，他从没考虑过要让人按传统方式为他举行葬礼。那么他在遗嘱中指定的安葬方式究竟独特在哪里，使得他的愿望在他死后立即就被抛弃了？腓特烈显然是想在死亡和葬礼安排方面也让人觉得他是按照"哲人"的方式在生活和行动。"我是一个在错误位置的哲人，"1760年他向阿尔根侯爵这样吐露自己的心声，"我本适合过智者的生活。是魔鬼让我不得安宁，把我放在了上演政治沉浮的大舞台上。"如此看来，正是他对自己的这种评价，使他抛弃了一切华丽的自我展示。相比之下，欧洲的其他王朝常常借着给位高权重的摄政者安葬的时机，让自己笼罩在华丽的光芒下。他的很多表述和隐居的生活方式都证明了，他所遵循的原则是与启蒙运动联系在一起的，这是他统治理念转变的主要特征，至少可以从他强烈的反宫廷文化和反宗教态度中得到解释。与之相应，他希望教士和家族人员都不要插手任何跟他的去世与葬礼有关的事情。这两群人在他父亲去世时按照传统习惯扮演了主要的角色，并且理所当然地成为国王去世和安葬时的陪伴者。

此外，腓特烈坚定拒绝利用宗教和家庭来达到自己的目的，并且坚决避免让自己陷入讲排场、制造轰动以及举办盛大葬礼的传统之中。他不容许把死亡的庄严与伟大通过表演的方式展示出来，拒绝"死亡的艺术"，就像他从古典作家的作品，或者从为法国国王在历史悠久的圣但尼大教堂举行的葬礼仪式以及相应的铜版雕刻作品中所了解的那样。他坚持保持着统治者的状态，觉得自己要受行为准则的约束，并且对君权神授说嗤之以鼻——而这在新教中也是证明统治者合法性的依据。在他行将死亡的时刻，无论是神职人员还是家庭成员，无论王后还是继承者，都不应该像他自己作为王储在经历父亲去世并深感震惊时那样，给他帮助。他像往常那样，避免一切亲属和宗教方面的联系，并坚持在去世时保持其哲学信仰所要求的独立性，避免一切自我美化的形式。

此外，从整体上来看，似乎腓特烈认为他被赋予的生命不是造物主的功劳，而是大自然的善行。因此他才会以恬淡寡欲的冷静准备好把自己的身体重新还给将他创造的"自然元素"。在他的意识里，所有与相信上帝启示有关的东西全部被清除。这样就可以解释为什么他要将自己葬在野外，而不是像霍亨索伦家族的人通常会做的那样，葬在某处神圣的土地或教堂里为统治者建的墓室中。当然，他希望被这样安葬的动机还不是像让-雅克·卢梭（死于1778年）被葬在埃默农维尔的杨树岛那样，源自一种新式的、让人哀伤的自然之情。但这种要求将自己以低调的方式埋葬在广阔天空下的愿望，同样体现了一种向作为个体的自身的回归。对于一个普鲁士的国王来说，这意味着——无论有意识与否——他抛弃了影响整个西方君主政体历史的对"国王的两个身体"(恩斯特·康托洛维茨语)的想象。按照这种想象，国王死后，他作为上帝在尘世之造物的身体将会与世长辞，而他的另外一个身体被赋予了国家功能，因此将会超越死亡继续存在。此外，后者独立于单独个体的命运，体现了神法的延续性和不可侵犯性。"不死的尊严"，这在早期现代的国家理论家和神学家的想象中还很普遍。腓特烈与这种传统的决裂是显而易见的，也是他想要做的。

据流传，新国王腓特烈·威廉二世在腓特烈的去世那天视察了位于无忧宫梯地的地下墓室，在看到墓室狭小的空间、堆满的废物和几具国王爱狗的棺材后冷静下来，最终还是为前任国王安排了官方的葬礼，并将其安葬在一个更加庄严的场所。通向无忧宫墓室的通道最终被遗忘，通道的末端慢慢地被遮住，后来倒塌了多次。这样说来，腓特烈自己的安葬计划在当时遭到了拒绝，直到1991年人们才重新考虑实现这一计划。人们还是按照王位继承人的命令，完全以传统的方式，也就是说按照腓特烈生前努力避免的仪式，为其举行了葬礼。因此，无论在柏林城市宫还是后来遗体被送往的驻军教堂里都设置了悼念死者的房间。葬礼在按照最高军队礼仪进行了灵柩护送后于驻军教堂举行，并且全国各地所有的教区礼拜堂都安排了纪念礼拜仪式。

所有的安排都是按照深深根植于勃兰登堡-普鲁士文

化的习俗来进行的。看来，在王室和他们的宗教与世俗顾问（包括承担葬礼装饰的艺术家）之间似乎没有任何不同意见。就像通常欧洲摄政者的盛大葬礼一样，人们相信仪式的重要性。通过大量的图片资料，我们也得以领会这些仪式的重要性，即使是腓特烈没那么轰动的灵柩安放仪式和之后举行的葬礼，也有相关的版画流传下来。无忧宫的这位哲人生前将自己视为新的王室尊严的代表，死后却被重新放回了努力维持着旧制度的世界。

一如既往，现在可能是时候对这位普鲁士国王的一生及其事业作一个总结了。无可置疑的是，在与他同时代的统治者以及所有的普鲁士国王中，没有一个像他这样被上天赋予了如此丰富的杰出才能。因此，围绕他的个人命运和个性意义的争论，究其原因可归结于，他让同时代的人以及历史学家觉得他既是多面的又是矛盾的。因此他留下的形象从不同的视角、既定印象和利用目的来看，既会让人钦佩又会让人蔑视。

只要研究一下腓特烈生命中的不同阶段就可以发现大量的问题。王储时期的腓特烈在与要求绝对服从的父亲的冲突中受到的是同情与喜爱，那时在莱因斯贝格修建的艺术宫也笼罩着享乐主义的轻快与纯净的生活乐趣；相反，从他的登基、在西里西亚的冒险行动以及《反马基雅维利》的发表中又可以明显看出他在思想和行动上的矛盾，这使他之后的形象始终模糊不清。就连他在七年战争中作为"统率军队的国王"具备的无疑是值得钦佩的自信，也同样面对矛盾的评价；同时代的一些人将其颂扬为英雄行为，而另一些人却表示憎恶。只有当人们称他为"老弗里茨"时，他作为国王的形象才又一次得到美化。在这之前，一些来自丹尼尔·霍多维茨基、安东·格雷夫、阿道夫·门策尔和卡尔·勒希林/理查德·克诺特尔的插画、历史画和肖像画已对他的形象作出了决定性的贡献，他作为睿智和善良的国家公仆以及不知疲倦地为后代操劳的国父的神话最终得以建立。

还有，腓特烈从王储及国王时期再到其晚年对极其多样的文化和科学领域的资助，也是值得大力赞扬的。然而他的文学品味却遭到批评，人们指责他只将眼光放在法国古典文学上，说他是没有自己观点的折中主义者和传统主义者。也有人提出批评，说他在音乐和建筑设计领域并不懂得欣赏和支持那些有原创性和前瞻性的作品。有人认为他其实是旧制度的典型代表，由于极度的固执始终受制于那些在传统上得到认可的艺术创作规范。原则上，这种强调反面的观点无法让人不同意。然而不能忽视的是，这些评价所涉及的领域其实并没有让腓特烈投入很大的精力，他做这些事情的目的主要是消遣。然而，在另一方面，腓特烈大王无论在18世纪的统治者中，还是在历任普鲁士国王中，都理应获得无人能及的地位。因为没有人像他一样如此深入和彻底地带着以理性照亮时代的责任感，来研究专制统治的本质和基本原则。但这里不能忽视，他通过对原始资料的严苛学习而领会的统治理念，与他作为政治家和统帅采取的无情的、遵循权力政治基本规则的行动之间一直存在深深的裂痕。

尽管如此，不可否认的是，从腓特烈早期所写的一些文章到《反马基雅维利》再到1777年的反思著作《论政府形式与君主职责》，他始终不渝地试图用文字阐明，一个拥有无限权力的统治者应该承担哪些责任。从他的一些历史作品、两本大部头《政治遗嘱》以及数量丰富的军事指导和教育文本中也可以看出，他多么努力地想要从历史和个人经验两个方面得出理性实用主义意义上的结论。无疑，这些作品不仅有自传的成分，偶尔还包含了不切实际的文学野心。然而，除了个人冲动之外，他能把握他的时代在政治学、司法体系或战争学等领域的根本性的改革冲动，并将之转化成实际行动。他的这种能力无人能及，其中的原因不仅在于他拥有的一些新理念，还在于这个统治者在现实中的影响力和他无可争辩的地位。

他在执政的头几年里进行了毫无顾忌的、完全出自个人动机的扩张行动。过了这个阶段后，他最终慢慢学会怀着奉献和无私的精神进行统治，以实现普鲁士君主国的需求为方针。他不再容许国家发展偏离以国家利益至上和适度原则为基础的前进道路。他越是意识到他在西里西亚战争中对这个地区采取的行动会有哪些影响深远的后果，就越是坚决地把统治者的职责理解为肩负沉重责任、需要在很大程度上放弃自我的任务。他每一次行动的动机已不再是对追求名誉的渴望，而是对通过艰难困苦和巨大牺牲而得来的一切的维护。虽然腓特烈用自己的无限权力有意识地、一如既往地要求各等级代表或负责财政预算的大臣不得参与发言，而是由他自己来判断，什么在普遍意义上有助于实现国家发展目标，什么对具体的臣民福祉尤其有益，但和传统的专制主义的代表人物不同，他在1740年的转折点之后，开始让自己按照将他引上客观和现实的政策道路的原则为国效力。因为从那时起，腓特烈已不能像路易十四的自我构想那样简单地将国王个人同国家等同起来，而是要将自己视为在不可违背的启蒙主义理性指导下肩负为国家服务之责任的普鲁士国王。

时 间 表

1701年　　勃兰登堡远帝侯腓特烈三世在柯尼斯堡被加冕为普鲁士的国王

1712年　　1月24日在柏林作为腓特烈·威廉王储的儿子出生

1713年　　腓特烈·威廉一世登基

1722/1723年　"总理事务府"建立

1728年　　随父亲在德累斯顿参加诸侯会面

1730年　　逃亡失败被关押在科斯琴；作为朋友和共犯的赫尔曼·冯·卡特在王储面前被处决

1731年　　成为戈尔茨在新鲁平的步兵团的首领；为了处理波兰的王位继承问题，普鲁士、奥地利和俄国组成三国联盟

1733年　　与不伦瑞克-贝沃恩家族的公主伊丽莎白·克莉丝丁结婚；为征募新兵引入划区征兵制

1734年	参加波兰王位继承战；在上莱茵与欧根亲王会面
1736年	移居莱因斯贝格；开始与伏尔泰书信往来
1739/1740年	完成《反马基雅维利》
1740年	腓特烈·威廉一世去世（5月31日）；腓特烈登基；与伏尔泰在下莱茵的莫伊兰德城堡第一次会面；皇帝查理六世去世（10月20日）；女沙皇安娜·伊凡诺夫娜去世（10月28日）；进军西里西亚（12月16日）
1741年	兵力增加至十一乃七千人；莫尔维茨会战（4月14日）；与法国结盟；与奥地利签订克莱恩-施奈伦多夫秘密条约
1742年	查图西茨会战（5月17日）；在布雷斯劳达成的临时和平协定推动《柏林和约》的签订，奥地利将上下西里西亚以及伯爵领地格拉茨让给普鲁士，第一次西里西亚战争结束；巴伐利亚选帝侯卡尔·阿尔布雷希特被选为德意志民族神圣罗马帝国皇帝查理七世
1744年	与法国结成进攻联盟；再一次入侵波希米亚：第二次西里西亚战争开始
1745年	霍亨弗里德堡战役（6月4日）和索尔战役（9月30日）；皇帝查理七世去世；签订《德累斯顿和约》：奥地利认可普鲁士占领西里西亚，条件是普鲁士承认奥地利大公玛丽娅·特蕾莎的丈夫、来自洛林的弗朗

	茨·斯特凡为神圣罗马帝国皇帝弗朗茨一世;第二次西里西亚战争结束;开始建造无忧宫
1746年	奥地利与俄国通过秘密协商修复于1726年建立旨在对抗普鲁士的奥俄同盟
1748年	签订《亚琛和约》,由此西里西亚被普鲁士并吞得到国际认可
1752年	完成第一部《政治遗嘱》
1753年	文策尔·安东·冯·考尼茨成为奥地利首相,并因此成为奥地利外交政策的负责人
1756年	普鲁士与英国签订《威斯敏斯特条约》,其导致逆转联盟的出现以及反普鲁士联盟的结成;七年战争爆发;腓特烈进军萨克森;在波希米亚爆发罗布西茨战役(10月1日)
1757年	奥地利与法国结成进攻联盟(《凡尔赛条约》),后来俄国和瑞典也加入该同盟;布拉格战役(5月6日)和科林战役(6月18日);坎伯兰公爵领导下的汉诺威-英国联合观察军在哈斯滕贝克战败;普鲁士军队撤出波希米亚;罗斯巴赫战役(11月5日)和洛伊滕会战(12月5日)
1758年	普鲁士与英国签订援助协议;俄国军队占领东普鲁士;曹恩道夫战役(8月25日)和霍克齐战役(10月14日)

1759年	库讷斯多夫战役(8月12日)
1760年	英国国王乔治二世去世；利格尼茨战役(8月15日)和托尔高战役(11月3日)
1761年	在本齐维茨营垒坚守阵地；英国主管大臣威廉·皮特辞职；英国背弃普鲁士
1762年	女沙皇伊丽莎白·彼得罗芙娜去世(1月5日)；与皇位继承者沙皇彼得三世缔结和平与联盟条约，由于彼得三世的早逝，该条约由他的妻子叶卡捷琳娜二世确认
1763年	《巴黎和约》(西班牙、葡萄牙、法国和英国于2月10日共同签订)和《胡贝图斯堡和约》(奥地利、普鲁士和萨克森于2月15日共同签订)结束了七年战争。欧洲大陆的战前领土状况得到恢复的同时，英国通过法国的损失在海外获得大量领土
1764年	普鲁士与俄国结盟，1769年两国联盟得到确认
1765年	约瑟夫二世继承其父弗朗茨一世的皇位
1768年	完成第二部《政治遗嘱》
1769/1770年	与皇帝约瑟夫二世在尼斯和乌尼乔夫会面；考尼茨参与会面
1771年	奥地利与普鲁士就瓜分波兰的可能性举行试探性会谈
1772年	奥地利、普鲁士和俄国就签订协议举行谈

	判,决定波兰的第一次瓜分
1778/1779年	奥地利与普鲁士之间爆发的巴伐利亚王位继承战导致巴伐利亚与奥地利的领土转让计划告吹——经过难分胜负的战争后,两国在法国和俄国发布担保声明的条件下签订《泰申和约》
1780年	玛丽娅·特蕾莎去世(11月29日);约瑟夫二世获得绝对君主权(其于1790年去世)
1781年	奥地利与俄国结成联盟
1785年	德意志诸侯联盟成立,以对抗奥地利的扩张计划
1786年	去世(8月17日),侄子腓特烈·威廉二世继位